Das Jahrhundertspiel

Eintracht Frankfurt und Real Madrid im Europapokal der Meister 1960

Jörg Heinisch

Das Jahrhundertspiel

Eintracht Frankfurt und Real Madrid im Europapokal der Meister 1960

Jörg Heinisch

AGON
Sportverlag

Mein Dank gilt im Einzelnen:
Michael Almasi-Szabo (Vereinsarchiv Wiener SC), Martina Backes, Astrid Best, Klaus Bienert, Bi-anca Ditschler, Eintracht Frankfurt e.V., Frank Fink, Andreas Heckwolf (für finnische Übersetzun-gen), Dr. Othmar Hermann (für das Öffnen seiner Schatzkiste), dem Kulturglobus-Team, Dieter Lindner, Ulrich Matheja, Alfred Pfaff, Karl Rupp, Carlos de los Santos Sanchez Arellano (für spani-sche Übersetzungen), Jörg Sauerbrey, Ulrich Sauerbrey, Mathias Scheurer, Wolfgang Solz, Matthias Thoma (Vereinsarchiv Eintracht Frankfurt) und Heinz Ulzheimer.

Zum Autor:

Jörg Heinisch wurde am 5. Dezember 1970 in Hannover geboren. Für die hessische TSG Idstein war er sechs Jahre im Jugendfußball und zwölf Jahre als Schiedsrichter aktiv. Seit 1994 gibt er die monatlich erscheinende, unabhängige Fanzeitung von Eintracht Frankfurt „Fan geht vor" mit heraus, die er – ebenfalls ehrenamtlich – organisiert. Nachdem er 1998 das Studium der Betriebswirtschaftslehre an der Universität Frankfurt/Main abschloss und seitdem für den Frankfurter Flughafenbetreiber Fraport AG tätig ist, engagiert er sich über „Fan geht vor" hinaus als Autor. So veröffentlichte er 1999 im Agon Sportverlag gemeinsam mit Matthias Thoma, Bernd Giring und Steffie Wetzel den Titel „Main-Derby in Berlin", einen sporthistorischen, unterhaltsamen Rückblick auf das Endspiel um die Deutsche Meisterschaft 1959 zwischen Eintracht Frankfurt und Kickers Offenbach. Im gleichen Jahr erschien – ebenfalls bei Agon – „Abenteuer Groundhopping – Wenn Fußballfans Stadien sammeln", das bis dahin einzige Buch über die Lebensart und die teilweise unglaublichen Erlebnisse der weltreisenden Fußballanhänger. Das innerhalb von zwei Monaten ausverkaufte Buch wurde ein Jahr später in einer überarbeiteten und erweiterten Version neu aufgelegt. Im Frühjahr 2004 wurde die Fortsetzung „Das Abenteuer Groundhopping geht weiter - Band 2 zu Stadien sammelnden Fußballfans" veröffentlicht. Nun erscheint sein neuester Titel „Das Jahrhundertspiel" über Eintracht Frankfurt in der Europapokalsaison 1959/60. Es ist eine Beschreibung des Wegs zum unvergleichlichen Finale von Glasgow zwischen der Eintracht und Real Madrid, das noch heute den Status eines der besten Fußballspiele der Welt inne hat.

Satz: Agon Sportverlag, Martina Backes
Fotos: Archiv Dr. Othmar Hermann
Vereinsarchiv Eintracht Frankfurt
(wenn nicht anders angegeben)
Einband: Werkstatt für creative Computeranwendungen
Bringmann, Lohfelden
Druck: Fuldaer Verlagsagentur, Fulda

Frankfurter Straße 92a
D - 34121 Kassel

ISBN 3-89784-248-3

Vorwort

Vorwort

Welcher Fußballanhänger kann behaupten, ein Spiel seines eigenen Vereins gelte als das beste Spiel aller Zeiten? Zumindest nicht viele. Natürlich gibt es in der Frage, welches dieses war oder ist, viele Meinungen. Wenn allerdings eine Wahl unter fundierten Kennern, wie den britischen Sportjournalisten, eindeutig ein solches kürt und Jahrzehnte nach dem Stattfinden des Spiels zur Jahrtausendwende führende internationale Fachzeitschriften immer noch dieses eine als das beste aller Zeiten auswählen, dann kann man die oben genannte Meinung auf jeden Fall eindrucksvoll untermauern..

Das Endspiel im „Pokal der europäischen Meisterclubs" im Glasgower Hampden Park am 18. Mai 1960 zwischen den Profis von Real Madrid und den Halbprofis von Eintracht Frankfurt vor fast 128.000 Zuschauer gilt als unerreicht und unvergesslich, ob aufgrund der hohen Spielkultur oder alleine der nackten Zahlen wegen. Es ist das Finale mit den meisten Toren. So viele – 7 von 10 – schoss nie wieder eine einzelne Finalmannschaft. Dabei ließ die Höhe des Sieges keinesfalls den Rückschluss zu, es sei ein einseitig dominiertes Spiel gewesen wieder. Auf beiden Seiten wurde ein hervorragendes Spiel gezeigt, in dem der Ball immer wieder nach vorne getrieben wurde und nur weniger als ein Dutzend Mal außerhalb des Spiels war und es auch nur eine einzige Abseitsentscheidung gab.

Der Weg in das Finale ist von vielen Geschichten und großen Taten geprägt, die kaum minder interessant sind. Dabei gilt das Halbfinalhinspiel der Frankfurter Eintracht gegen die Glasgow Rangers für viele Sportfreunde als das beste Spiel, das die Eintracht selbst jemals absolviert hat. Die Teilnahme am Endspiel wurde gar als größerer Erfolg als der Gewinn der Deutschen Meisterschaft im Jahr zuvor angesehen.

Zu diesem großen sportlichen Ereignis mit dem Endspiel in Glasgow als Krönung hat es bis heute kein Buch gegeben, sieht man davon ab, dass sich in verschiedenen Veröffentlichungen einzelne Seiten dem Thema widmen. Vor vier Jahren habe ich den Gedanken an das Projekt verworfen – zu wenig Material für ein ganzes Buch, dachte ich. Etwas später änderte sich diese Meinung. Hatte ich mich Ende 1998 quasi noch darauf beschränkt, in einer Sonderausgabe der Fanzeitung „Fan geht vor", für die ich ehrenamtlich tätig bin, die Berichterstattung des Kicker Sportmagazins zu dem

Europapokaljahr zu dokumentieren, so ist es heute Zeit, diese glorreiche Zeit buchgerecht und in Fortsetzung des 1999 von mir mitverfassten Buchs „Mainderby in Berlin" (über die Geschichte des Gewinns der Deutschen Meisterschaft der Frankfurter Eintracht gegen Kickers Offenbach) aufzuarbeiten.

Ein besonderes Augenmerk wurde darauf gelegt, die Geschehnisse aus Sicht der Eintracht und deren Anhangs zu dokumentieren. Wichtig war mir zudem, den Endspielpartner aus Madrid im Verlauf der Saison nicht aus den Augen zu lassen. Ich war bestrebt, so unterhaltsam wie möglich zu gestalten und auch den einen oder anderen Leckerbissen aus den Archiven zu präsentieren.

Ohne das Privatarchiv von Dr. Othmar Hermann und das von Matthias Thoma aufgebaute Archiv von Eintracht Frankfurt e.V. wäre dies nicht möglich gewesen. Daher an dieser Stelle noch einmal mein besonderer Dank an die beiden Eintracht-Verrückten.

Eine der herausragenden Besonderheiten der Eintracht ist ihre Tradition und damit auch der Erfolg der Vergangenheit. Dieses Buch soll auch dazu beitragen, dass beides weiter hochgehalten wird.

Auflauf der Eintracht in Glasgow.

Die Eintracht betritt die europäische Fußballbühne

Die Eintracht betritt die europäische Fußballbühne

- Eintracht in aller Welt
- Reals Vormachtstellung – Die Entwicklung im Europapokal bis 1959
- Umbruch beim Spanischen Meister
- Die Stars von Real Madrid
- Umbruch beim Deutschen Meister
- Der Eintracht-Kader

Eintracht in aller Welt

Eintracht Frankfurt hat in der Fußballwelt noch heute einen großen Namen. Diese Tatsache geht vor allem auf den Höhepunkt der Europapokalsaison 1959/60 zurück, obwohl die Eintracht zuvor schon ein weltweit gern gesehener Gast war. So war man bereits zu verschiedenen Freundschaftsspielen durch Russland gereist und bekam Einladungen aus Ägypten, Spanien, den USA, Südamerika und später sogar aus Hongkong und Japan.

Zahlreiche internationale Freundschaftsspiele hatte es schon vor diesen Gastspielreisen, die den guten Ruf des Klubs noch weiter festigten, gegeben, doch Pflichtspiele der Eintracht auf Länderebene gab es bis zum Gewinn der Deutschen Meisterschaft 1959 in Berlin gegen Kickers Offenbach nicht. Dies lag allerdings ganz einfach daran, dass es bis 1955 keine internationalen Wettbewerbe auf Vereinsebene gegeben hatte, sieht man vom viele Jahre ausgespielten „Mitropacup", an dem die deutschen Vereine kein Interesse hatten, und dem „Latincup" ab, einem Wettbewerb der Meister Portugals, Spaniens, Italiens und Frankreichs. Für die deutschen Fußballspieler gab es lediglich die Möglichkeit der A- oder Amateur-Nationalmannschaft, um bei Olympischen Spielen oder Weltmeisterschaften in einem internationalen Wettstreit anzutreten. Einer der Eintracht-Spieler, der dieses auch umsetzen konnte, ist Alfred Pfaff. Er war nicht nur der einzige Eintracht-Spieler bei der Weltmeisterschaft 1954 in der Schweiz beim „Wunder von Bern", sondern hielt auch zusammen mit Richard Kreß ein Jahr später die Eintracht-Fahne hoch, als es zum ersten Frankfurter Pflichtspiel auf europäischer Ebene kam.

Im Jahr 1955 wurde auf Anregung aus Kreisen der FIFA ein Wettbewerb ins Leben gerufen, der ursprünglich Stadtauswahlmannschaften klassischer europäischer Messestädte vorbehalten war. Hintergrund war – heutzutage kaum vorstellbar – dass die Mannschaften neben dem sportlichen Wettstreit die Gelegenheit haben sollten, andere Messestädte zu besuchen. Für den "Messepokal" (1971 in "UEFA-Pokal" umbenannt), der über zwei Jahre ausgetragen werden sollte, wurden zwölf Städte zugelassen, darunter Frankfurt am Main. Die Frankfurter Auswahl trat mit Spielern des FSV Frankfurt, der Offenbacher Kickers und der Eintracht zum ersten Spiel am 26. Oktober 1955 im Wembleystadion gegen die Londoner Auswahl an. Man verlor mit Pfaff und Kreß 2:3, zwang im Rückspiel die Engländer mit 1:0 in die Knie, verspielte aber nach einem 5:1 zu Hause gegen Basel im letzten Gruppenspiel in Basel (2:6) die Chance auf das Halbfinale. Damals hatten sich die Eintracht und Offenbach geweigert, ihre besten Spieler abzustellen, woraufhin eine von Anfang an hoffnungslose Kombination aus dem FSV Frankfurt und der SpVgg Neu Isenburg antrat.

Sieger des Wettbewerbs wurde mit dem FC Barcelona ein Klub, der die Vertretung seiner Stadt übernahm. Schon während der ersten Austragung des Wettbewerbs war die Regelung der Beschränkung auf Stadtauswahlen unterlaufen worden (so auch durch Lausanne Sports, Inter Mailand und Birmingham City) und in der Folge fallen gelassen. Wien verzichtete kurzfristig auf die Teilnahme, da sich sich die Vereine Vienna und Rapid Wien, die sonst die Spieler abstellten, um die Teilnahme am eigentlichen „Pokal der europäischen Meisterclubs", der ebenfalls im Jahr 1955 seine erste Auflage erlebte, stritten.

Um den sportlichen Stellenwert des neuen Wettbewerbs sowie seiner Teilnehmer und die spätere Leistung der Frankfurter Eintracht besser einordnen zu können, macht es Sinn, diese europäische Vereinsmeisterschaft durch einen Blick in die Anfangsjahre näher kennen zu lernen.

Reals Vormachtstellung – Die Entwicklung im Europapokal bis 1959

Ende 1954 wurde in der Redaktion der französischen Sportzeitung „L'Equipe" die Idee geboren, die großen europäischen Teams in einer eigenen Meisterschaft antreten zu lassen. Hierbei sollte im K.O.-System mit Hin- und Rückspielen gespielt werden und bei Punkt- und Torgleichheit sollte es Entscheidungsspiele über das Weiterkommen entscheiden. Teilnehmen sollten die Meister der nationalen Verbände bzw. ein vom jeweiligen Verband nominierter Verein (Letzteres kam nur im ersten Jahr zur Anwendung). Bei der UEFA, dem europäischen Fußballverband, stieß der Vorschlag auf Begeisterung. Zwischen Mai und Juni 1955 wurde der Wettbewerb abgesegnet. Man entschied, dass die Vereine selbst vereinbaren konnten, wer zuerst die Rolle des Gastgebers übernahm – erst ab dem Viertelfinale sollte das Los hierüber entscheiden.

Zwischen Sporting Lissabon und Partizan Belgrad (3:3) wurde am 4. September das erste Spiel des neusten und wichtigsten Klubwettbewerbs angepfiffen. 16 Vereine nahmen im ersten Jahr teil. Für Deutschland trat Rot-Weiß Essen mit „Boss" Helmut Rahn an. Doch die Essener unterschätzten die angereisten Schotten von Hibernian Edinburgh und schieden mit einem 0:4 zu Hause und einem 1:1 auf der Insel aus. Der 1. FC Saarbrücken, der in der deutschen Oberliga Südwest mitspielte, konnte dank des noch unabhängigen Status des Saarlandes ebenfalls an den Start gehen und kämpfte den AC Mailand in der ersten Runde in San Siro bei strömendem Regen mit 4:3 nieder – im Rückspiel ging man jedoch nach drei Toren der Italiener in den letzten 15 Minuten (Endergebnis 1:4) am Ende doch als Verlierer vom Platz. Triumphator der ersten Europapokal-Saison war allerdings Real Madrid, das Servette Genf (2:0 A, 5:0 H), Partizan Belgrad (4:0 H, 0:3 A), den AC Mailand (4:2 H vor 120.000 Zuschauern, 1:2 A) und im Endspiel die starken Franzosen von Stade de Reims in Paris vor 40.000 Zuschauer 4:3 besiegte.

Die Neuauflage der Saison 1956/57 wollten bereits 22 Mannschaften angehen, weshalb eine Qualifikationsrunde vor das Achtelfinale gelegt werden musste. Deutschland wurde durch Borussia Dortmund, das allerdings bereits in der Qualifikation gegen Spora Luxemburg ein Entscheidungsspiel zum Weiterkommen benötigte (4:3 H, 1:2 A, 7:0 H) vertreten. Mit dem ersten Europapokalspiel eines englischen Vereins (Manchester United) war dann jedoch für die Borussen schon Endstation (2:3 A, 0:0 H). Drei Spiele brauchten im Achtelfinale Real Madrid gegen Rapid Wien (4:2 H, 1:3 A, 2:0 H) und OGC Nizza gegen die Glasgow Rangers (1:2 A, 2:1 H, 3:1 in Paris), die dann im Viertelfinale aufeinander trafen – Real (3:0 H, 3:2 A) ließ hierbei ebenso wenig anbrennen, wie in der folgenden Vorschlussrunde gegen Manchester United (3:1 H vor 135.000 Zuschauern, 2:2 A). Das Endspiel hatte die UEFA bereits frühzeitig nach Madrid gelegt – vor 125.000 Zuschauern hatte der AC Florenz mit 0:2 das Nachsehen.

1957/58 wuchs die Teilnehmerzahl auf 24 an, da Spanien einen zweiten Verein melden durfte. Erstmals nahm ein Vertreter der DDR teil: Wismut Karl-Marx-Stadt verlor bei Gwardia Warschau 1:3, siegte mit dem gleichen Ergebnis im Rückspiel und kam beim Entscheidungsspiel in Berlin nach Verlängerung nicht über ein 1:1 hinaus und erreichte dann durch den ersten Losentscheid des Wettbewerbs die nächste Runde. Hier war dann gegen Ajax Amsterdam (1:3 H, 0:1 A) das Abenteuer Europapokal beendet. Borussia Dortmund griff als Vertreter der Bundesrepublik erst im Achtelfinale ein, musste nach einem

4:2 zu Hause und einem 1:3 auswärts gegen den Armeeklub Bukarest noch in Bologna zum dritten Vergleich antreten, kam durch ein 3:1 aber weiter. Der AC Mailand war für die Westfalen dann allerdings ein zu übermächtiger Gegner (1:1 H, 2:4 A). Die Italiener trafen im Endspiel in Brüssel auf den Titelverteidiger Real Madrid, der in allen vorherigen Runden gegen den FC Antwerpen (2:1 A, 6:0 H), FC Sevilla (8:0 H, 2:2 A) und Vasas Budapest (4:0 H, 0:2 A) keinerlei Mühe hatte. Erst vor den 70.000 Zuschauern in der belgischen Hauptstadt wurde es spannend – nach Verlängerung gewann man trotzdem wieder (3:2).

27 Vereine ließ die Anzahl der benötigten Qualifikationsspiele in der Saison 1958/59 weiter ansteigen. Für den Deutschen Meister FC Schalke 04 war erst im Viertelfinale Schluss – BK Kopenhagen (0:3 A, 5:2 H, 3:1 in Enschede), die Wolverhampton Wanderers (2:2 A, 2:1 H) und Atletico Madrid (0:3 A, 1:1 H) hießen die Gegner. Auch am Start waren zwei Vereine, für die der deutsche Vertreter der folgenden Spielzeit später eine Rolle spielen sollte: Der Wiener SC sorgte bei seiner ersten Europapokalteilnahme für eine Sensation – unterlag man in der ersten Runde bei Juventus Turin noch mit 1:3, so spielte man die Italiener zu Hause mit einem 7:0 an die Wand. Gegen Dukla Prag ließ man sich im Achtelfinale nicht stoppen (3:1 H, 0:1 A). Im Viertelfinale war dann nach einem 0:0 in Wien mit einem 1:7 bei Real Madrid die internationale Saison vorbei. Die Young Boys Bern profitierten in der ersten Runde noch von einem Verzicht von Manchester United (wenige Monate zuvor kamen sieben Spieler beim Flugzeugabsturz in München ums Leben), bewiesen ihr Können aber gegen MTK Budapest (2:1 , 4:1 H) und gegen Wismut Karl-Marx-Stadt (2:2 H, 0:0 A, 2:1 in Amsterdam).

Stade de Reims unterlag im Halbfinalhinspiel im Berner Wankdorf Stadion mit 0:1, bevor die Franzosen mit einem 3:0 in Paris das Blatt noch einmal wendeten. Das zweite Halbfinale wurde zum Lokalderby zwischen Real und Athletico Madrid. Real hatte es in den ersten Runde wieder einmal ohne Probleme geschafft: 2:0 (H) und 1:1 (A) gegen Besiktas Istanbul und im Viertelfinale wie geschildert gegen die Wiener gespielt. Das reichte bereits für die Halbfinalteilnahme. 2:1 besiegte man zu Hause Nachbar Athletico, versuchte vergeblich, dem dessen Heimrecht abzukaufen, unterlag im zweiten Spiel 0:1 und behielt im Entscheidungsspiel in Saragossa mit 2:1 doch noch die Oberhand. Die vierte Endspielteilnahme in Folge war erreicht, der vierte Titelsieg zum Greifen nah. Im Stuttgarter Neckarstadion traf man vor 80.000 Zuschauern auf Stade de Reims und hatte beim 2:0 wieder keine ernsthaften Probleme.

Der Favorit auf den Sieg bei der fünften Auflage 1959/60 war fraglos Real Madrid. Alfredo di Stefano, Ferenc Puskas & Co. schienen auf europäischer Ebene schier unüberwindbar, wenngleich sie auf nationaler Ebene nicht immer die erste Geige spielten.

Umbruch beim Spanischen Meister

Mit 28 Profis ging Real Madrid in die neue Saison. Darunter auch acht Spieler ohne spanischen Pass. Ein Klub, der damals 100.000 Mark für ein Freundschaftsspiel verlangte, konnte sich so einen großen Kader leisten. Unter den Neuverpflichtungen war Halbstürmer Didi, der Spielgestalter des brasilianischen Weltmeisters. Auf seine Empfehlung kam zudem ein weiterer Nationalspieler Brasiliens, der Stürmer Canario, zu Real. Weitere Neuzugänge waren zudem der junge Herrera und Pepillo, beide ebenfalls Stürmer. Mit Fleitas Solich kam darüber hinaus ein neuer Trainer. 1953 hatte dieser mit der Nationalmannschaft Paraguays für eine Sensation gesorgt, als man Südamerikameister wurde. Seitdem trainierte er ausschließlich brasilianische Mannschaften. Real brachte er das „4-2-4"-System mit, mit dem die Brasilianer 1958 Weltmeister in Schweden wurden.

Die Stars von Real Madrid

Bei Real Madrid galten alle Spieler als Stars, drei von ihnen jedoch als unumstößliche Legenden der großen Jahre: Alfredo di Stefano, Ferenc Puskas und Francisco Gento. Diese sollen nun näher vorgestellt werden.

Über 800 Tore in Pflichtspielen sind eine so beeindruckende Marke, dass es fast überflüssig ist, alle Ehrungen, die Alfredo DI STEFANO Laulhe zu teil wurden, aufzuzählen. Wann immer eine Wahl zu den besten Fußballer aller Zeiten oder zu einer „Hall of Fame" stattfand, fehlte sein Name nie, wenn er nicht sogar den ersten Rang einnahm. Der zweifache europäische Fußballer des Jahres, der nicht nur das Kunststück fertig brachte, von 1956 bis 1960 fünfmal den Europapokal zu gewinnen, sondern auch noch in allen Endspielen Tore zu erzielen, gibt so viel Stoff her, dass sein Leben Bücher füllen konnte und auch füllte. Entsprechend ist es schwer, sich auf wenige Fakten zu beschränken.

Es war der 4. Juni 1926, als di Stefano als Sohn italienischer Eltern in Buenos Aires zur Welt kam. Der älteste Sohn der Familie hatte auf der elterlichen Farm in einem Vorort der argentinischen Hauptstadt einen großen Teil der Arbeit zu übernehmen. Das hinderte ihn jedoch nicht, regelmäßig Fußball zu spielen. Über seinen ersten Verein Los Cardales kam er im Alter von ledig-

lich 15 Jahren in die zweite Mannschaft von River Plate. Bereits kurz darauf rückte er in die erste Mannschaft auf und sicherte sich hier sehr bald einen Stammplatz. Die Nationalelf folgte als weitere Station – 1947 hatte „la maquina" (der blonde Pfeil) großen Anteil am Gewinn der Südamerikameisterschaft. In der Saison 1948 musste die argentinische Meisterschaft vorübergehend eingestellt werden, nachdem ein Spielerstreik für höhere Gehälter und befristete Verträge die Austragung der Spiele ausschloss. Ein Jahr verging ohne das Einlenken einer Seite, mit dem Ergebnis dass zahlreiche Profis – und schließlich auch di Stefano – in die außerhalb der FIFA organisierte „Piratenliga" Kolumbiens wechselten. Für Los Millionarios Bogota schoss er in vier Jahren 267 Tore in 292 Spielen.

1952 feierte Real Madrid das 50. Klubjubiläum und lud zu einem Kurzturnier ein, zu dem auch die Millionarios anreisten. Santiago Bernabéu, Präsident Reals, war von dem wegen seiner Haarfarbe auch „El Aleman" genannten di Stefano so angetan, dass Schatzmeister Saporta den Auftrag erhielt, ihn im Hinblick auf den Aufbau einer großen Mannschaft für Real zu sichern. In einem Tauziehen mit dem FC Barcelona gewannen die Hauptstädter und zahlten eine so große Summe an das die Transferrechte besitzende River Plate, dass ein großer Kredit aufgenommen werden musste. Bernabéu war zu allem bereit, um den Kampf gegen das erfolgreichere Athletico und den weiteren Rivalen FC Barcelona aufzunehmen. Die Hintergründe der erfolgreichen Verpflichtung des Argentiniers sind allerdings kurios. Sowohl Barcelona als auch Real überwiesen Transfersummen nach Argentinien. In einem Kompromiss entschied der Weltverband, dass der Spieler abwechselnd (je eine Saison) für beide Clubs spielen sollte. Offenbar riet Real dem verunsicherten Spieler als Lösung, bei Barcelona „nicht die volle Leistung zu zeigen". Entsetzt über das magere Spiel des dicken Mannes unten auf dem Spielfeld verzichtete Barca auf di Stefano und verlangte die Ablöse zurück. Real sicherte sich den Spieler somit endgültig. Das nächste Spiel wurde ausgerechnet zwischen Real und den Katalanen ausgetragen – Real gewann 5:0 und das einstige Objekt der Begierde schoss vier Tore …

Di Stefano war der wichtigste Baustein des neuen Real Madrid, der Dirigent. Die Erfolgsgeschichte begann. Mit der „Nr. 9" gewann Real neben den europäischen Titeln (58 Spiele mit 49 Toren von „Don Alfredo") nach 21 Jahren auch endlich wieder eine Meisterschaft – sieben Landesmeisterschaften und ein Pokalsieg wurden es insgesamt. Auch für die spanische Nationalelf war er noch am Start und erzielte hierbei 23 Tore in 31 Länderspielen. Nach einem Streit mit Bernabéu erklärte er 1964 seinen sofortigen Rücktritt. Im August 1963 füllte er die Zeitungen, nachdem er von venezolanischen Linksextremisten entführt und wenige Tage später wieder freigelassen wurde.

Als Coach führte er die Boca Juniors 1970 zur argentinischen Meisterschaft, kehrte nach einem Gastspiel bei Benfica Lissabon 1974/75 im Jahr 1981 zu seinem alten Verein River Plate zurück und wurde hier wieder Meister Argentiniens. Schon bald heuerte er erneut in Spanien an, erreichte mit dem FC Valencia die spanische Meisterschaft und gewann den Europapokal der Pokalsieger. Zweimal übernahm di Stefano gar für eine kurze Zeit das Traineramt bei Real Madrid (in den Spielzeiten 1982/83 und 1990/91).

Sein Bild strahlte zwar Zuverlässigkeit und Ehrgeizigkeit aus, wurde allerdings durch seinen Eigensinn, Unverträglichkeit und seine wachsende Arroganz beeinträchtigt. Stars wurden neben ihm nicht geduldet. Sein Machtinstinkt führte dazu, dass die Mannschaft nach seiner Pfeife tanzte und der Trainer wie ein besserer Komparse aussah. Mit Ferenc Puskas klappt es im Zusammenspiel nur, weil dieser sich bedingungslos unterordnete. Freunde in der Mannschaft hatte er keine.

Ferenc PUSKAS Biro, geboren am 2. April 1927 als Kind armer Eltern, jagte als Junge in Kriegszeiten vor den Toren der ungarischen Hauptstadt Budapest dem Ball hinterher. Als 17jähriger stand der Mann aus dem Stadtteil Kispest erstmals in der ungarischen Nationalelf, als in Budapest gegen die Nachbarn aus Österreich gespielt wurde. „Ocsi" („kleiner Bruder"), dem man brennenden Ehrgeiz und eisernen Willen nachsagte, trat der Armee bei und wurde bald Offizier. Sein Klub war der Vorzeigeklub Honved. In seiner ersten Saison schoss er sofort 50 Tore. Er wurde Kapitän der Nationalmannschaft, mit der er 80 Spiele bestritt und für die er sagenhafte 83 Tore erzielte. Zu den großen Spielen gehörte u.a. der 6:3 Sieg Ungarns in England. Der Siegeszug der „Wunderelf" (auch „Puskas-Elf" genannt) wurde erst 1954 im Endspiel der Weltmeisterschaft in der Schweiz durch die deutsche Mannschaft gestoppt.

Nach dem Ungarn-Aufstand kehrten 1956 zahlreiche Ungarn ihrem Land den Rücken. So auch Puskas. Er bildete zunächst in Wien eine ungarische Emigranten-Elf, was ihm 18 Monaten Sperre einbrachte, obwohl die Elf nicht lange bestand. Er wechselte dann zu Real Madrid, wohin ihn sein alter Honved-Manager Emilio Östreicher gelockt hatte. Dort verdienet er fortan sehr gute. Puskas war zu diesem Zeitpunkt schon älter und musste hart arbeiten, um gegen sein Übergewicht anzukämpfen. Nach anfänglicher Kritik lebte er sich

aber gut ein. „Hier bei Real bin ich zum Teil einer großen Familie geworden", wird er zitiert. „Ich habe echte Freunde gefunden. Wir verstehen uns ausgezeichnet." In 39 Spielen des europäischen Landesmeisterwettbewerbs erzielte er unfassbare 35 Tore, davon vier im Finale 1960 gegen Eintracht Frankfurt, so viele, wie jemand zuvor und danach in einem Finale erzielen konnte. Puskas wurde nachgesagt, dass er auf dem Rasen die Täuschung so vollkommen beherrsche, wie kein anderer Spieler. Für Spanien absolvierte er später noch vier Länderspiele, davon drei bei der Weltmeisterschaft 1962 in Chile. 1967 beendete er seine aktive Laufbahn. Zu Buche stehen vier ungarische und fünf spanische Landesmeisterschaften, ein spanischer Pokalsieg, drei Europapokalsiege und eine olympische Goldmedaille (1952). Später versuchte er sich noch als Trainer und durfte sich 1993 freuen, dass er in seiner Heimat Ungarn wieder willkommen geheißen wurde.

Francisco „Paco" GENTO López wurde am 22. Oktober 1933 in Guarnizo / Spanien als Sohn eines Kraftfahrers geboren. Mit 14 brach er die Schule ab, um seinem Vater auf dem Bauernhof zu helfen. Sein erster Verein war der TV Nueva Montaña, bei dem er neben Fußball auch Leichtathletik betrieb und hierdurch an Schnelligkeit gewann. Als 19jähriger wurde er für eine hohe Ablösesumme von Racing Santander gekauft, dem Klub, für den er immer geschwärmt hatte. Das Debüt des „Hurricans" bei Real war ein Desaster: Er lief zu schnell und konnte meist erst außerhalb des Spielfeldes abbremsen. Einmal wurde er auf 100 Meter mit Ball sogar mit einer Geschwindigkeit von 10,9 Sekunden gemessen (der Weltrekord – ohne Ball – lag bei 9,9 Sekunden.) Für diese Schnelligkeit und sein Kreuzen, womit er die gegnerische Abwehr knackte, war er bekannt. Aus diesem Grund wurde er auch „La Galerna del Cantábrico" („Die Gondel des Nordens") genannt. Mit der Verpflichtung von Hector Rial veränderte sich die Karriere Gentos zum Positiven. Die punktgenauen Pässe Rials über 40 Meter kamen immer so gut an, dass Gento wie ein Blitz über den linken Flügel des Platzes jagen und die Stürmer von Real Madrid durch Flanken sehr gut bedienen konnte.

94 Spiele absolvierte er im europäischen Landesmeistercup von 1953 bis 1971, so viele wie kein anderer seiner damaligen Gefährten. Hierbei schoss der Linksfuß 31 Tore. Insgesamt kam Gento auf 99 Europapokalspiele und wurde in der klubinternen Wertung erst 2001 durch Manuel Sanchis als

Nummer 1 abgelöst. Er gewann für Real Madrid zwölf Landesmeisterschaften, zwei Pokalsiege und sechs Europapokalsiege, womit er auch der einzige Spieler auf der Welt ist, der sechsmal Europapokalsieger der Landesmeister geworden ist.

Rogelio Antonio DOMINGUEZ Lopez (von 1957 bis 1962 mit 15 europäischen Einsätze) hatte den Ruf, der beste Torhüter Südamerikas zu sein, wodurch Real auf ihn aufmerksam wurde und ihn verpflichtete. Vor ihm auf der rechten Seite stand oft der schnelle und elegant spielende Miguel Garcia Martin (1958-61/6/0 Tore), der sich den Namen „Miché" gab. Er schaltete sich immer wieder in die Angriffe mit ein. In der Regel hatte diese Position allerdings der vorausschauende Stratege „Marquitos" inne, mit bürgerlichem Namen Marco Alonso Imaz (1955-62/28/1). Sein linkes Pendant war Enrique Pérez Diaz (1959-68/32/0), genannt „Pachin", dem man ein solches Spielverständnis nachsagte, wonach er die Gedanken seiner Abwehrkollegen lesen konnte.

Rogelio Antonio DOMINGUEZ Lopez

Miguel Garcia Martin, genannt „Miché"

Vor der Abwehr stand rechts entweder José Maria VIDAL Bravo (1959-62/10/1) oder Antonio RUIZ Cervillo (1956-62/13/0). In der Mitte spielte der schwer arbeitende, gebürtige Uruguayer José Emilio SANTAMARIA Iglesias (1957-66/50/0), der nach seinen Länderspieleinsätzen für sein Geburtsland in Spanien eingebürgert wurde und auch hier Nationalspieler wurde. Die linke Seite nahm der unspektakulär spielende, achtmalige spanische Nationalspieler José Maria ZÁRRAGA Martin (1955-62/31/0) ein.

Enrique Pérez Diaz, genannt „Pachin"

José Maria VIDAL Bravo

Antonio RUIZ Cervillo

José Emilio SANTAMARIA Iglesias

Darcy CANÁRIO Silveira dos Santos

Rechtsaußen spielte meist der mit 22 Jahren jüngste Spieler im Real-Kader, Jesús HERRERA Alonso (1958-62/6/3). Im Endspiel durfte allerdings der brasilianische Nationalspieler Darcy CANÁRIO Silveira dos Santos (1959-62/5/1) auflaufen. Die rechte Innenposition der Offensive besetzte Luis DEL SOL Cascajales (1960-62/15/4), der zu Saisonbeginn noch bei Betis Sevilla spielte und erst knapp acht Wochen vor dem Finale in Glasgow als wichtige Verstärkung nach Madrid wechselte. Links von ihm trieben in der Mitte Alfredo di Stefano, Ferenc Puskas und schließlich ganz Außen Francisco Gento das Spiel nach vorne.

Weitere Spieler des Kaders, die auch international zum Einsatz kamen, waren José Garcia Castro – genannt „Pepillo" – (1959-62/1/1), José Ramón MARSAL Ribo (1955-61/9/5), Manuel BUENO Cabral (1959-71/13/2), Pedro CASADO Bucho (1957-64/16/2), Juan SANTISTEBAN Troyano (1956-64/16/2), Enrique MATEOS Mancebo (1953-61/16/9), Juan Adelarpe ALONSO (1949-61/22/0), José Héctor RIAL Laguía (1954-61/23/14) und Rafael LEMES Bobed (1952-60/28/0).

Umbruch beim Deutschen Meister

In einer fast beispielslosen Form präsentierte sich Eintracht Frankfurt in der Endrunde um die Deutsche Meisterschaft 1959. Alle Spiele wurden mit teilweise traumhaften Ergebnissen gewonnen. Nachdem mit einem 5:3 im Mainderby gegen Kickers Offenbach in Berlin auch der Titel gesichert wurde war die Eintracht in aller Munde. Doch der Blick in die Zukunft ließ Wolken am Himmel aufziehen: Der junge ungarische Star Istvan Sztani, der noch in der Saison von Heimweh nach Ungarn sprach, ließ sich von einem geschäftstüchtigen Landsmann überreden, für ein hohes Gehalt zu Standard Lüttich nach Belgien zu wechseln – ein Wechsel nach Italien kam aufgrund einer italienischen Verbandssperre für Verpflichtungen von Spielern aus dem Ausland nicht zustande. Ein Blick auf die damaligen Gehälter der Vertragsspieler zeigt,

Die Eintracht im August 1959 vor dem Abflug in Leningrad nach Helsinki: Hintere Reihe: Bäumler, der Russisch-Dolmetscher, Spielausschussvorsitzender Berger, Sorger, Schymik, Weilbächer, Arzt Dr. Runzheimer, Lutz, Loy, Stinka und Kirchhoff; mittlere Reihe: Lindner, Solz, Stein, Oßwald; vordere Reihe: Pfaff, Meier, Eigenbrodt. Es fehlen u.a. Kress und Höfer

wie verlockend ein Vereinswechsel damals war: 190 Mark Grundgehalt plus 75 Mark für jeden Oberliga-Sieg oder 50 Mark für ein Unentschieden. Die Eintracht soll damals 80.000 Mark (andere Quellen nennen 250.000 Mark) als Trostpflaster erhalten haben. Neben dem halbrechten Stürmer musste man fortan auch auf Ekkehard „Ekko" Feigenspann verzichten – der Mittelstürmer mit der Traumquote von 34 Toren in der Meisterschaftssaison wollte in München ein Maschinenbau-Studium fortführen und wechselte zum TSV 1860 München. Zudem stand nun auch fest, dass der wichtige jugoslawische Vorstopper Ivica Horvath nach seiner Verletzung beim Endrundenspiel gegen Köln und einer Lungenerkrankung nicht mehr Fußball spielen konnte. Der Verlust dieser drei Spieler schien unersetzbar zu sein.

Beim Amateurverein Griesheim 02 wurde man auf Erwin Stein aufmerksam, dessen kraftvoller Schuss bereits Sepp Herberger aufgefallen war. Der erfolgreichste Stürmer der Hessenauswahl gehörte zum Kreis der Amateurnationalmannschaft, wurde jedoch durch einen überraschenden Einsatz im Länderspiel in Hamburg am 20. Mai 1959 gegen Polen bekannt, als er für verletzten Schalker Klodt ins Spiel kam und durch ein Tor eine deutsche Niederlage abwendete. Dieser Länderspieleinsatz – das vorweg – blieb jedoch sein einziger Länderspieleinsatz.

Eine der Neuerungen der neuen Saison durch Trainer Paul Oßwald war, fortan Erich Meier regelmäßig als Linksaußen aufzustellen. Im Verlauf der Europapokalsaison sollte er den Spitznamen „Flutlicht-Meier" bekommen.

Der Eintracht-Kader

Folgende Eintracht-Spieler kamen in der Europapokal-Saison zum Einsatz:

Zur Erläuterung der statistischen Werte:
M = Meisterschaftsspiele (Gauliga / Oberliga / Endrunde um Dt. Meisterschaft / Bundesliga)
P = Pokalspiele (Süddeutscher Fußball Verband / Deutscher Fußball Bund)
EC = Europapokalspiele (Pokal der Landesmeister / Messepokal / UEFA-Pokal)
(ohne Oberliga-Vergleichsrunde, Flutlichtpokal und Freundschaftsspiele)

Loy, Egon

geboren am 14. Mai 1931, Torhüter, 295 M-, 33 P- und 10 EC-Spiele

Der vorherige Stammtorwart der Bayernauswahl kam 1954 vom TSV 04 Schwabach zur Eintracht und blieb ihr bis zu seinem Karriereende 1967 – 13 Spielzeiten lang – treu. Der kaufmännische Angestellte kämpfte drei Jahre mit Alexander Rothuber um die Nachfolge des langjährigen, damals ausscheidenden Torhüters Helmut Henig. (Interessanterweise war es der erstmals 1939 für Eintracht im Kasten aktive Wandervogel Henig, der 36jährig – die Karriere war längst beendet – in der Meistersaison 1958/59 den verletzten Egon Loy noch einmal für acht Spiele vertrat.) 42 Pflichtspiele absolvierte Loy in der Saison 1959/60. Während der Bundesligasaison 1965/66 vollzog sich der Übergang im Tor zu Dr. Peter Kunter. Die größten Erfolge des einmaligen Amateurnationalspielers sind der Gewinn der Deutschen

Meisterschaft 1959 und der Einzug in das Europapokalfinale der Landesmeister im darauf folgenden Jahr gegen Real Madrid.

Eigenbrodt, Hans-Walter

geboren am 4. August 1935, rechter Verteidiger, 105 (1) M-, 22 (1) P- und 4 (0) EC-Spiele (Tore)

Nur zehn Einsätze hatte der kaufmännische Angestellter in der Oberliga und der Endrunde mit dem Meisterschaftsendspiel der Saison 1959/60. Profitierte Eigenbrodt in der DM-Endrunde vom Verletzungspech seiner Mitspieler, so zwang den seit 1948 bei der Eintracht aktiven und 1955 aus der Jugend in die erste Mannschaft aufgerückten Spieler 1965 die Sportinvalidität zum Karriereende. Er gehörte ebenfalls zur Mannschaft, die 1960 das Europapokalendspiel gegen Real Madrid bestritt. Eine weitere Deutsche Meisterschaft erreichte der am 29. März 1997 Verstorbene 1977 als Trainer der Eintracht-B-Jugend.

Lutz, Friedel

geboren am 21. Januar 1939, rechter Verteidiger bzw. Mittelläufer, 331 (8) M-, 37 (0) P- und 12 (0) EC-Spielen (Tore)

Er begann 1950 seine Laufbahn beim TV Bad Vilbel, von dessen A-Jugend er 1957 zur Eintracht wechselte. Der gelernte Maschinenschlosser war eine der großen Stützen im Meisterjahr, als der eigentliche Rechtsverteidiger während der Endrunde nach der Verletzung Ivica Horvats die Position des Stopperpostens übernahm. Alleine in der Saison 1959/60 war er in 42 Pflichtspielen dabei. Er blieb der Eintracht immer verbunden — mit Ausnahme der Saison 1966/67, als er für ein Bundesligajahr bei den Löwen von 1860 in München sein Glück versuchte. Höhepunkt seiner Karriere war bei der WM in England 1966 der 2:1 Halbfinalsieg gegen die Sowjetunion. 1973 beendete der 12-fache A- und 1-fache B-Nationalspieler seine aktive Profikarriere. Danach war Friedel Lutz noch im Service-Team der Eintracht dabei, bis er Anfang 2004 das Rentenalter erreichte und die Funktion als Zeugwart abgab. Jedoch wird er auch heute noch im Waldstadion hin und wieder für den einen oder anderen Handgriff gesichtet.

Höfer, Hermann

geboren am 19. Juli 1934, linker Verteidiger, 311 (19) M-, 38 (0) BL- und 10 (0) EC-Spiele (Tore)

Der von den Frankfurtern „Stift" gerufene Bankbeamte erwies sich wie die meisten seiner Mitspieler aus dem Meister-Jahrgang als treuer Adlerträger. Nachdem er 1954 von den Amateuren in die erste Mannschaft aufrückte, stoppte ihn erst eine 1966 erlittene Verletzung. Als Jugend- und Amateur-Trainer stand er seinem Verein jedoch weiterhin genauso zur Verfügung, wie in der Saison 1981/82 als Vizepräsident. Die größten Erfolge des am 22. Oktober 1996 verstorbenen Amateurnationalspielers waren – nach der Teilnahme an der Olympiade 1956 in Melbourne – die Meisterschaft 1959 und die Europapokalfinalteilnahme gegen Real Madrid 1960.

Bechtold, Adolf

geboren am 20. Februar 1926, Verteidiger und Läufer, 397 (3) M-, 27 (0) P- und 1 (0) EC-Spiele (Tore)

Adolf Bechtold ist eine Eintracht-Legende. Für die Eintracht war der Werkzeugmacher in 711 Spielen am Ball, darunter 389 Einsätze in der Oberliga – Rekord! 1938 spielte er erstmals für die Riederwälder. Der erste Einsatz in der 1. Mannschaft datiert vom 27. Dezember 1942. Er ist der Einzige aus dem Kader der Saison 1959/60, der für die Eintracht noch in der alten Gauliga die Fußballstiefel schnürte. Der Ehrenspielführer wurde mit seinem Verein 1953 (4:1 gegen Phönix Mühlburg) und 1959 Süddeutscher Meister, 1957 Flutlichtpokalsieger. Nach der Beendigung seiner aktiven Laufbahn im Jahr 1960, in dem er noch 14 Einsätze hatte, war er noch zehn Jahre als Betreuer für die A- und B-Jugend aktiv.

Schymik, Eberhard

geboren am 8. Juli 1934, rechter Läufer oder Verteidiger, 200 (15) M-, 22 (1) P- und 5 (0) EC-Spiele (Tore)

1950 verließ der kaufmännische Angestellte den 1. FC Gelnhausen und wechselte zur Eintracht an den Main. Obwohl er noch bis zur ersten Bundesligasaison 1963/64 am Riederwald unter Vertrag stand, blieb ihm ein Einsatz in der Bundesliga genauso verwehrt wie die Teilnahme an den

Endspielen 1959 in Berlin und 1960 in Glasgow. In der Oberligarunde 1959/60 kam er in bis auf sechs Spiele immer zum Einsatz. Nach den ersten beiden DM-Endrundenspielen musste Trainer Oßwald schließlich bis zum Saisonende verletzungsbedingt auf Schymik verzichten. In der Saison 1959/60 dauerte es dann einige Spiele, bis er sich wieder in die Stammformation gekämpft hatte. Schymik starb auf der Tribüne des Waldstadions, als er am 8. September 1979 ein Eintracht-Heimspiel gegen Bayer Leverkusen verfolgte.

Stinka, Dieter

geboren am 10. August 1937, rechter Läufer, 159 (23) M-, 27 (9) P- und 9 (2) EC-Spiele (Tore)

Der Postbeamte spielte vor der Eintracht, wie zuvor auch Eberhard Schymik, beim 1. FC Gelnhausen. Ab 1958 war er dann für die Riederwälder tätig, bevor er 1966 zu den Darmstadt 98 wechselte. Der einmalige B-Nationalspieler war in späteren Jahren dann nochmals als Co- und Amateurtrainer für die Eintracht beschäftigt. Stinka wurde quasi in der Endrunde um die Deutsche Meisterschaft 1959 entdeckt, nachdem er zuvor nur sporadisch zum Einsatz kam. In der Saison 1959/60 kam er daraufhin gleich zu 42 Pflichtspieleinsätzen (inklusive allen sieben Europapokalbegegnungen).

Weilbächer, Hans

geboren am 23. Oktober 1933, Halbstürmer bzw. linker Läufer, 258 (50) M-, 30 (11) P- und 8 (1) EC-Spiele (Tore)

Der 1952 vom SV Hattersheim an den Main gewechselte Schreiner war auf dem Platz ursprünglich als Halbstürmer aktiv, trat dann aber als linker Läufer an. Weilbächer, der in Saison 1959/60 44 Pflichtspiele absolvierte, beendete 1965 – ohne jemals die Eintracht verlassen zu haben – seine Karriere am Riederwald. Er spielte fünfmal für Deutschland, zweimal in der Amateur-, zweimal in der B- und einmal in der A-Nationalelf. Bundesligaeinsätze hatte er keine mehr. Der unermüdliche Dauerläufer und Antreiber erzielte 1959 in Bern das erste Europapokaltor überhaupt für die Eintracht.

Bäumler, Erich

geboren am 6. Januar 1930, "Allround"-Stürmer, 111 (41) M-, 10 (8) P- und 3 (2) EC-Spiele (Tore)

Der Bundesbahn-Sekretär kam 1954 als dreifacher Amateur-Länderpokalgewinner von der SpVgg Weiden aus der bayerischen Oberpfalz und verließ die Eintracht im Sommer 1960 Richtung FSV Mainz 05. Verletzungen warfen ihn oft zurück. In der Meister-Saison kam er auf zehn Pflichtspiele, in der folgenden auf 25 – dabei erzielte er jeweils einen wichtigen Treffer beim Hin- und Rückspiel gegen die Young Boys Bern. Drei Länderspiele (1 A, 2 B; jeweils 1 Tor) konnte er verzeichnen. Seine größten Erfolge waren der dreimalige Länderpokalsieg mit der Bayernauswahl, der Flutlichtpokalsiegertitel von 1957 und die Süddeutsche Meisterschaft 1959. Er starb am 18. September 2003.

Kreß, Richard

geboren am 6. März 1925, Rechtsaußen, 312 (78) M-, 29 (10) P- und 9 (2) EC-Spiele (Tore)

Der älteste aller Eintracht-Spieler (und älteste Bundesligaspieler bei der Gründung der Liga 1963) spielte vor seinem Wechsel 1953 nach Frankfurt beim FV Horas in der Nähe von Fulda, für den er auch ein Amateur-Länderspiel absolvierte. Erst im Alter von 28 kam Kreß zur Eintracht, der er bis zum Ende seiner Laufbahn 1964 treu blieb. Er trug den Spitznamen „Blitz von Horas". Nach einem A-Länderspiel 1954 dauerte es sechs Jahre, bis er acht weitere (2 Tore) hinzufügen konnte. Er schoss 1960 im Endspiel gegen Real Madrid das 1:0. Am 30. März 1996 starb der gelernte Drogist.

Meier, Erich

geboren am 30. März 1935, Linksaußen, 51 (23) M-, 9 (4) P- und 6 (4) EC-Spiele (Tore)

Auf 15 Spiele (8 Tore) kam der Blechschlosser in Oberliga und Endrunde in der Meisterschaftssaison 1959/60. In der folgenden Spielzeit kamen zu 14 Oberligaspielen (4 Tore) und sechs Pokalspielen (4 Tore) sechs Europapokalspiele hinzu, in denen er sich den Namen „Flutlicht-Meier" erspielte: viermal traf er in das gegnerische Netz. Beim Endspiel in

Glasgow durfte er demzufolge auch auflaufen. Neben jenem Endspiel dürfte einer seiner Höhepunkte das Halbfinalrückspiel bei den Glasgow Rangers sein, bei dem er zwei Tore zum 6:3 Sieg der Eintracht beisteuerte. Er wechselte 1956 vom FV Breidenbach zur Eintracht, die er 1962 Richtung Kaiserslautern verließ. Später war er noch in Holland bei VV Alkmaar 54 und AGOVV Apeldoorn aktiv.

Pfaff, Alfred

geboren am 16. Juli 1926, halblinker Stürmer, 313 (106) M-, 24 (14) P- und 10 (7) EC-Spiele (Tore)

Der Gastwirt von der Hauptwache, nach Adolf Bechthold zweiter Oberliga-Rekordspieler der Eintracht, spielte bereits als 10jähriger bei der Eintracht, feierte sein Oberligadebut allerdings beim dritten Frankfurter Oberligaverein, dem FC Rödelheim in der Saison 1948/49. Nach seiner Rückkehr blieb er der Eintracht bis zu seinem Karriereende 1961 treu und kann auf eine sehr erfolgreiche Laufbahn zurückblicken: Süddeutscher Meister 1953 und 1959, Deutscher Flutlichtpokalsieger 1957, Deutscher Meister 1959, Europapokalfinalist 1960. „Don Alfredo", der Mann mit dem Koks (siehe späteres Kapitel), war nicht nur Spielführer der Meisterelf, 2-facher B- (2 Tore) und 7-facher A-Nationalspieler (2 Tore), zweimal gar als deutscher Spielführer, er war auch Spieler bei der Weltmeisterschaft 1954 in der Schweiz. In der Saison 1959/60 war er in 40 Pflichtspielen (20 Tore) im Einsatz.

Lindner, Dieter

geboren am 11. Juni 1939, halblinker Stürmer bzw. Linksaußen, 337 (59) M-, 37 (9) P- und 24 (4) EC-Spiele (Tore)

Neben Friedel Lutz war er der Benjamin im Team. Der Beamtenanwärter kam dennoch in der Meistersaison in 32 Pflichtspielen zum Einsatz und schoss hierbei elf Tore. In der neuen Saison waren es 44 Spiele mit 27 Toren. Alleine im Europapokal traf er viermal. Durch seinen Blondschopf galt der 1957 als 17-jähriger Debütierende als der Liebling der Stammbesucher. Für ihn gab es im ganzen Leben nur einen Fußballverein: die Frankfurter Eintracht. Dies galt nicht nur bis zu seinem eigentlichen Karriereende 1970. So sprang der langjährige Spielführer 1971 beim Kampf gegen den Bundesligaabstieg genauso ein, wie 1980/81 als Vize- und 1996 für fünf Monate als

Interimspräsident. Das langjährige Verwaltungsratsmitglied der Eintracht kann auf einen Einsatz in der B-Nationalmannschaft verweisen.

Stein, Erwin

geboren am 10. Juni 1935, Mittelstürmer, 158 (99) M-, 28 (31) P- und 8 (6) EC-Spiele (Tore)

1954 begann Erwin Stein seine Karriere bei der SG Bornheim und spielte dann von 1951 bis 1954 beim FFC Olympia 07. Der Mann mit der Tor-Traumquote fiel bei Bundestrainer Sepp Herberger durch seinen Wechsel 1959 von der SpVgg Griesheim 02 zur Eintracht in Ungnade, weil er durch den Wechsel ins „Profilager" nicht mehr für die Olympiamannschaft 1960 zur Verfügung stand. Direkt vor dem Wechsel hatte der Werkzeugmacher sein erstes Länderspiel absolviert – weitere ließ Herberger nicht mehr zu. Für die Eintracht war er ein Glücksgriff. Alleine in der Saison 1959/60 schoss der Mann mit dem Gewaltschuss in 24 Oberligaspielen 24 Tore sowie 14 Tore in sieben Pokalspielen und fünf Tore bei sechs Europapokaleinsätzen. Bis 1966 war er für die Eintracht am Ball, bevor er noch zu den Lilien nach Darmstadt wechselte. 1969/70 beendete er seine Karriere bei seinem alten Klub in Griesheim.

Günter Kirchhof

Wolfgang Solz

Zum Kader der Saison 1959/60 – aber ohne EC-Einsatz – gehörten auch der zweite Torhüter Hans-Günter Kirchhof (3 M- und 1 P-Spiele von 1959/60 bis 1960/61 / alle in der Saison 1959/60; Schreiner), der „Brasilianer" Wolfgang Solz (182 (63) M-, 24 (10) P- und 10 (3) EC-Spiele von 1959/60 bis 1967/68 / davon 1959/60 9 (3) M- und 2 (1) P-Spiele; Gerber), Severin Sorger (2 (0) M-Spiele / nur in dieser Saison bei der Eintracht; selbständiger Kaufmann), Ernst Kudras (239 (4) M- und 13 (0) P-Spiele von 1948/49 bis 1961/62 / letzter Einsatz im November 1956; Installateur), Fritz Kübert (1 (0) M- und 4 (0) P-Spiele von 1952/53 bis 1964/65 / davon 1959/60 lediglich ein Pokalspiel ohne Torerfolg), G. Schneider (ohne einen Einsatz in der ersten Mannschaft in Pflichtspielen / 2 Freundschaftsspiele in der Saison 1959/60) sowie Willi

Severin Sorger

G. Schneider

Herbert (8 (0) M-, 1 (0) P- und 1 (0) EC-Spiele von 1959/60 bis 1964/65 / davon 1959/60 lediglich ein Pokalspiel ohne Torerfolg; Elektriker). Um korrekt aufzuzählen, muss auch E. Linkert genannt werden, der nach dem Endspiel gegen Real Madrid noch in Freundschaftsspielen mitwirkte und zusammen mit Kübert und Kudras eigentlich nur dem Reserve-Kader zugeordnet werden dürfte.

Willi Herbert

Oßwald, Paul

geboren am 4. Februar 1905, Trainer

Dreimal trat Paul Oßwald bei der Frankfurter Eintracht als Trainer an: 1928 (als 23jähriger (!)) bis 1933, 1935 bis 1938 und 1958 bis 1964. Nach dem ersten Engagement am Riederwald trainierte er den FSV Mainz 05, nach seinem zweiten den VfR Frankenthal und nach der Rückkehr aus dem Krieg die Offenbacher Kickers. Seine Erfolge als Trainer sind vier Mainmeisterschaften (1929 bis 1932), fünf Süddeutsche Meisterschaften (1930, 1932, 1949 mit dem OFC, 1955 mit dem OFC und 1959), eine Gaumeisterschaft (1939), drei Teilnahmen am Endspiel um die Deutsche Meisterschaft (1932, 1950 mit dem OFC und 1959) mit dem Endspielsieg 1959 und der Einzug als erste deutsche Mannschaft in ein Finale im Europokal der Landesmeister, 1960 gegen Real Madrid. Nach zwei Herzinfarkten trat er 1964 in der Bundesliga ab, bevor er 1968 noch einmal zum OFC zurückkehrte, mit ihm aus der Bundesliga abstieg und anschließend ein letztes Mal bis November 1969 in Villingen coachte. Im Alter von 88 Jahren starb er am 10. November 1993 in Frankfurt am Main.

Die 1. Runde

Die 1. Runde

- Saisonverlauf (1.)
- Gefrorene Finnen – Kuopio PS
- Blick zur Konkurrenz

Saisonverlauf (1.)

27 Landesmeister waren in der Saison 1959/60 für die fünfte Auflage des Wettbewerbs gemeldet. Von den europäischen Nationalverbänden fehlten lediglich die Vertreter Norwegens und der Sowjetunion. Für Spanien gingen der Titelverteidiger Real Madrid und der Landesmeister FC Barcelona ins Rennen.

Am 6. Juli 1959 bescherte die Auslosung am Comer See dem Deutschen Meister Eintracht Frankfurt ein ungewöhnliches Losglück: Der finnische Vertreter Kuopio Palloseura, etwa 320 km Luftlinie nord-nordöstlich von Helsinki inmitten der wunderschönen Finnischen Seenplatte beheimatet und Meister von 1958, sollte der erste Gegner sein. (Bei manchen Ländern wie auch den Finnen steht der nächste Meister bei Beginn der ersten Europapokalspiele fast schon fest – die Teilnahme verzögert sich durch die Ausrichtung der Spielzeit nach dem Kalenderjahr.)

Einen knappen Monat später, dem 2. August, trat die Eintracht aber zunächst – in Vertretung des DFB – eine bis zum 13. August dauernde Gastspielreise in die UdSSR an, nachdem der russische Fußballverband zu drei Freundschaftsspielen eingeladen hatte. Auf dem Rückweg wurde in Helsinki Station gemacht, in dessen nah gelegener Seelandschaft sich die Spieler zunächst erholen konnten, um dann noch ein letztes Spiel auszutragen. Gegner war eine Stadtauswahl Helsinkis, die mit der Nationalmannschaft des Landes quasi identisch war. 2:0 konnten die Riederwälder gewinnen. Die Auf-

Erholung am finnischen Badesee nahe Helsinki (August 1959) (I)

gabe mit dem finnischen Vorjahresmeister Kuopio PS schien dementsprechend lösbar.

Zum ersten Meisterschaftsspiel der neuen Saison am 23. August gegen die SpVgg Fürth ließ Eintracht-Trainer Paul Oßwald folgende Formation auflaufen: Egon Loy, Hans-Walter Eigenbrodt, Hermann Höfer, Dieter Stinka, Friedel Lutz, Hans Weilbächer, Richard Kreß, Dieter Lindner, Erwin Stein, Alfred Pfaff und Erich Bäumler. Erwin Stein steuerte beim 5:3 gegen die Franken auch gleich zwei Treffer bei. War er der richtige Ersatz für „Ekko" Feigenspann? Als ob er das Fragezeichen durch ein Ausrufezeichen ersetzen lassen wollte, unterstrich der frühere Griesheimer gleich beim zweiten Spiel, einem 3:2 Sieg beim VfB Stuttgart mit zwei weiteren Toren seine Torgefährlichkeit. Ein 4:1 im Heimspiel gegen den Karlsruher SC schien eine gute Form der Eintracht zu belegen und schürte Hoffnung auf die Fortsetzung der Erfolgsserie aus der Meisterschaftssaison. Doch in diesem Jahr galt es neben Meisterschaft und Pokal eben auch im Europapokal gut auszusehen. In der ersten September-Hälfte sollten die Hinspiele der ersten Europapokalrunde ausgetragen werden. Die Eintracht war bereit – der Gegner jedoch nicht …

Gefrorene Finnen – Kuopio PS

Im Vorjahr schied der finnische Vertreter Palloseura Helsinki im Achtelfinale gegen Stade de Reims aus, wobei das Ungewöhnliche an dem Kräftemessen der Austragungsort des finnischen Heimspiels gewesen war. Dieses musste aufgrund des Bodenfrostes in Finnland – Rasenheizungen gab es noch keine – nach Rouen, also Frankreich, verlegt werden. Die gleiche Problematik hatten die noch nördlicher angesiedelten Fußballer von Kuopio PS nun im September / Oktober, als die erste Runde gegen die Hessen ausgespielt werden sollte. Die Finnen beabsichtigten daraufhin, ihr Heimspiel ebenfalls im Land des Gegners auszutragen. Hierfür hatte man Schwenningen auserkoren. Entsprechend wurden Verhandlungen mit der UEFA aufgenommen. Trotz langem Tauziehen zwischen Verein und Verband kam ein PS-Heimspiel in Deutschland doch nicht zustande. Die Finnen mussten aufgrund der eigenen finanziellen Situation (so die heutige offizielle Darstellung) schließlich auf das Duell gegen die Deutschen verzichten. Die Eintracht gewann ihr erstes offizielles Europapokalspiel kampflos und stand bereits im Achtelfinale. Für den finnischen Verein war dies natürlich sehr bitter. Erst einige Jahre später mit der dritten Meisterschaft von 1966 gelang Kuopio wieder die Qualifikation für den Meistercup.

Erholung am finnischen Badesee nahe Helsinki (II)

Blick zur Konkurrenz

Real Madrid, Roter Stern Belgrad, Sparta Rotterdam, B 1909 Odense und Young Boys Bern konnten in der ersten Runde dank Freilosen ebenso aussetzen und betätigten sich letztlich wie die Eintracht als Beobachter der weiteren Spiele. Real nutze die Gelegenheit für einträgliche Freundschaftsspiele und trat z.B. Anfang September mit seinen Stars di Stefano, Gento und Didi für 100.000 Mark beim Hamburger SV an, wo man vor begeisterten 70.000 Zuschauern knapp mit 3:2 gewann. Für die anderen Teams wurde es allerdings ernst:

Vor 65.000 Zuschauern im Walter-Ulbricht-Stadion mussten die Wolverhampton Wanderers, aktueller Meister Englands, gegen den ASK Vorwärts Berlin antreten und kassierten trotz Führung eine 1:2 Niederlage. Für das Rückspiel feuchteten die Briten den Rasen im heimischen Stadion Molineux extra noch an. Nach hartem Kampf schafften sie in der zweiten Hälfte noch ein 2:0, das zum Weiterkommen reichte.

Der französische Titelträger OGC Nizza, der bereits 1956/57 einmal am Meistercup teilnahm und erst am dritten Gegner, Real Madrid, im Viertelfinale scheiterte, begann seinen zweiten Anlauf mit einem Heimspiel gegen den irischen Rekordmeister Shamrock Rovers Dublin. Ein Rückstand von 0:1 nach 20 Minuten konnte bis zur 78. Minute in ein 3:1 gewendet werden. 3:2 lautete schließlich das Endergebnis. Nach Toren glichen die Iren im Rückspiel im heimischen Glenmaluke Park bereits nach elf Minuten aus. Eine Viertelstunde später fiel das 1:1, dem Dublin in den verbliebenen 65 Minuten umsonst hinterherlief.

CDNA Sofia, das immerhin schon zum dritten Mal an den Start ging und 1956/57 bereits eine Viertelfinalteilnahme erreichte, empfing vor 55.000 Zuschauern den FC Barcelona. Gegen die Stars des spanischen Meisters stand nach 90 Minuten ein erfolgreiches 2:2 zu Buche. Die Katalanen ließen im Rückspiel vor 80.000 Zuschauern den Bulgaren allerdings keine Chance. 6:2 siegte man durch jeweils drei Tore von Ladislao Kubala und Evaristo de Macedo.

0:0 trennte sich der Wiener Sport-Club vom rumänischen Vertreter Petrol Ploesti – gleich drei Tore wollte der Schiedsrichter nicht anerkennen. Ohne den wegen nächtlicher Ausflüge vereinsintern gesperrten Stürmer Hof reiste man zum Rückspiel, führte durch zwei Tore von Walter Horak bereits nach 27 Minuten 2:0 und musste danach nur noch einen Gegentreffer hinnehmen. Das reichte.

Luxemburgs Vertreter Jeunesse Esch sorgte für die große Überraschung der ersten Runde. Mit 5:0 wurde LKS Lodz regelrecht deklassiert. Dabei hatte man noch drei Tage zuvor in der Meisterschaft 0:4 in Grevenmacher verloren. Und selbst beim Rückspiel in Polen legten die Kicker aus dem Kleinstaat einen Treffer vor. Die noch zwei folgenden Tore der Polen waren nur noch für die Statistik – Jeunesse zog ins Achtelfinale ein.

Der FC Linfield aus Belfast empfing den schwedischen Meister IFK Göteborg. Zwei Tore durch Jackie Milburn reichten für ein 2:1 nach 90 Minuten. Das einzige Gegentor erzielte Göteborgs Ohlsson, der während der zweiten 90 Minuten im Rückspiel die Nordiren fast ganz alleine abschoss: fünf Tore steuerte er beim 6:1 bei.

Roter Stern Bratislava, ein Vorgängerverein des heutigen Inter Bratislava, schaffte mit seinem Star Adolf Scherer ein 2:1 gegen den FC Porto. Ein portugiesisches Eigentor im Rückspiel brachte nach 66 Minuten die Vorentscheidung. Mit 0:2 unterlag der FC Porto am Ende.

Karte Europapokalsaison 1959-60

Das zur Hälfte mit Nationalspielern bestückte Olympiakos Piräus zog mit dem AC Mailand ein besonders attraktives Los. Im Vorjahr verzichtete man noch aus politischen Gründen, gegen Fenerbahçe Istanbul anzutreten. Das Heimspiel gegen den italienischen Meister konnte das zu Hause als unschlagbar eingestufte Team ausgeglichen gestalten. Mit einem 2:2 musste Milan nach Hause reisen, ließ im Rückspiel beim 3:1 mit drei Toren von Danova aber nichts mehr anbrennen.

Fenerbahçe kam in diesem Jahr nicht kampflos durch die erste Runde. Mit dem vierfachen ungarischen Meister SC Csepel hatte man einen schweren Gegner bekommen, aber mit einem 1:1 auch ein achtbares Ergebnis erreicht. In Budapest machte man sich noch keine Sorgen. Doch es sollte vor den 45.000 Zuschauern im Nep-Stadion spannend werden. Fast im Zehn-Minuten-Takt fielen die Tore: 1:0, 1:1, 2:1, 2:2 … und 2:3 – Fenerbahçe, das sich zuvor weigerte, unter Flutlicht zu spielen, hatte mit seinem ungarischen Trainer Agnac Molnar für eine Überraschung gesorgt und stand in der nächsten Runde.

Die Glasgow Rangers hatten die Belgier vom RSC Anderlecht zu Gast. Sieben Tore bekamen die Zuschauer im Ibrox Park zu sehen: Nach dem 5:2 war man schon so gut wie weiter. Im Rückspiel kamen schließlich noch zwei weitere schottische Tore hinzu. Das Achtelfinale war komplett.

Interview mit Dieter Lindner

Dieter Lindner denkt heute noch oft an die große Zeit der Eintracht Ende der 50er und Anfang der 60er Jahre. Und der frühere Internationale weiß auch noch die eine oder andere Anekdote zu berichten, die in der Öffentlichkeit nicht bekannt ist.

Als 2002 in Glasgow das Champions League-Finale zwischen Real Madrid und Bayer Leverkusen ausgetragen wurde, wurde Gerd Müller zum Landesmeister-Erfolg von Bayern München 1976 in Glasgow befragt. Er erklärte, er könne sich nur daran erinnern, dass es laut gewesen sei und dass man gewonnen habe. Können Sie sich an mehr aus dem Jahre 1960 erinnern?
Da gibt es aus Eintracht-Sicht etwas mehr zu sagen. Gerd Müller hat mit der Deutschen Nationalmannschaft viele Erfolge gehabt, wie z.B. die Weltmeisterschaft 1974. Das war ja nun doch ein herausragender Spieler, der mehr solche Großereignisse gehabt hat als wir. Bei uns kam hinzu, dass die Endspielteilnahme 1960 der größte Erfolg einer deutschen Fußballmannschaft seit 1954 war. Alles was danach kam (mit Borussia

Wolfgang Solz und Dieter Lindner 1959 in Kishinev: Küken mit "Hämmelchen".

Dortmund und Bayern München) kam später. Von daher haben wir sicher ganz andere Eindrücke als der Gerd Müller.

Wann stand damals fest, dass die Finnen verzichten? Doch nicht von Anfang an?
Nein, aber das kam – meines Wissens – unmittelbar nach Beginn des Wettbewerbs. Es war relativ früh klar, dass das Spiel nicht stattfindet.

Haben sie Kuopios Verzicht damals bedauert oder haben Sie sich mehr über den kampflosen Einzug gefreut?
Wir haben es hingenommen. Wir haben uns aber schon so stark eingeschätzt, dass wir die Finnen ausgeschaltet hätten.

Haben Sie die Konkurrenz damals verfolgt oder waren Ihnen die anderen Spiele eher egal?
Ja, natürlich! Wir haben schon geguckt, wie die anderen Spiele ausgingen.

Real oder Barcelona, wer war Ihnen lieber?
Wir waren damals eine relativ starke Mannschaft und hatten ein ausgeprägtes Selbstbewusstsein, welches auf den Erfolgen der Endrunde der Deutschen Meisterschaft basierte. Wir haben genommen, was kam, wohl wissend, dass Real Madrid der wesentlich schwere Gegner sein würde als Barcelona. Wir sind das Endspiel gemäß dem Motto vom alten Turnvater Jahn „frisch, fromm, fröhlich, frei" angegangen. Ich vermute, gegen Barcelona hätten wir besser ausgesehen. Unsere Chancen wären besser gewesen.

Rückblickend wird ja immer viel geschrieben und analysiert: Waren die Siege gegen Glasgow nicht zu hoch und eindeutig und dadurch die Madrilenen vor der Eintracht gewarnt? Man konnte die Eintracht ja gar nicht mehr unterschätzen …
Real Madrid war mit Sicherheit insofern gewarnt, dass man die Parole ausgegeben haben muss, man solle uns nicht unterschätzen. Und gegen Glasgow gewinnt man ja nicht als Luschenmannschaft 6:1 und 6:3.
Sie haben auch Störfeuer verursacht: Ich bin ja ein Eintracht-Urgestein, das nie an einen Wechsel gedacht hat. Und der ungarische Manager von Real, Emilio Östreicher, hat lanciert, „der Lindner" wäre einer für Real Madrid.
Die waren durch unsere Erfolge so gewarnt, dass die uns – glaube ich – ständig beobachtet haben. Die waren schon gut auf uns eingestellt. Ich war damals ein ganz guter Kopfballspieler und habe viele Tore mit dem Kopf erzielt. Und unsere Stärken und Schwächen haben die gekannt. Ich habe gegen den Zarraga gespielt. Der hat bei jedem Eck- oder Freistoß, als er ne-

ben mir stand, an meinem Trikot gezupft – ganz leicht – das hat keiner gemerkt. In dem Moment ist es vorbei – ich komme nicht mehr hoch, vor allem nicht zum richtigen Zeitpunkt.
Als wir 1:0 gegen Real Madrid geführt haben und auch einmal die Latte getroffen hatten, da hätten Sie mal den di Stefano erleben müssen, der ja der beste Fußballer der Mannschaft war. Wie der über den Platz gelaufen ist, von einem Tor zum anderen, wie ein Derwisch. Und wie er seine Mannschaftskameraden zusammengestaucht hat. Das war unglaublich. Das habe ich noch nie von einem Mannschaftsführer erlebt: Es war sichtbar, wie die dann aufgedreht haben. Das war großartig!

War im Endspiel der Respekt vor den namenvollen Gegenspielern zu groß?
Wir haben die Klasse der Madrilenen erkannt und honoriert. Respekt war da, aber nicht zu groß. Er war nicht leistungshemmend oder so, dass wir den Kopf in den Sand gesteckt hätten.

Sie haben kürzlich Paul Oßwald als großen Motivator statt einem Taktiker bezeichnet. Wenn man aber die taktische Einstellung der Mannschaft alleine beim Spiel in Wien sieht, kann Oßwald doch kein schlechter Taktiker gewesen sein, oder?
Das habe ich auch nicht behauptet, aber er war eher ein großer Motivator als ein Taktiker, das steht außer Frage.
Der Paul Oßwald war nach dem Herberger der zweite Mann unter den Trainern in Deutschland. Vor dem Hinspiel gegen die Glasgow Rangers lag ich zur angeordneten Mittagsruhe mit Friedel Lutz auf einem Zimmer. Auf einmal kam Paul Oßwald herein und sagte zu mir: „Lies das mal hier!" Da gab er mir eine Postkarte, auf der sinngemäß stand: „Sehr geehrter Herr Oßwald, zum Spiel gegen die Glasgow Rangers wird ja wieder Dieter Lindner aufgestellt auf Halbrechts. Was denken Sie sich eigentlich dabei? Die Flasche, wenn ich den sehe! Was der in der letzten Zeit für Spiele gemacht hat. Der gehört doch gar nicht mehr in die Mannschaft. Lassen Sie doch die Gurke draußen." Dieses Spiel gegen Glasgow war eines der größten Spiele, die ich gemacht habe. Ich habe zwei Tore geschossen und zwei wunderbare Vorlagen gegeben. Was für ein Motivator und Psychologe muss der Mann gewesen sein, wenn er mir diese Karte sieben Stunden vor dem Spiel gibt.

Sie sagten es eben selbst: Gegen Real sollte die Mannschaft nach Oßwalds Willen „frisch, fromm, fröhlich, frei" spielen – ging das so einfach?

So einfach ging das natürlich nicht. Das war damals sicherlich die stärkste Vereinsmannschaft der Welt. Wer da alles gespielt hat ... di Stefano, Puskas, Gento ...
Unser Verein wurde ja auf einmal in eine europäische Höhe geschossen – das war unglaublich – genauso wie das dann geweckte Medieninteresse. Tagtäglich kamen Interviewwünsche. Da schien man von der Spitze bis zum Letzten in der Mannschaft manchmal überfordert zu sein. Das hat uns abgelenkt und dazu geführt, dass wir nicht die Zeit gehabt haben, um uns in der Ruhe vorzubereiten, wie wir das vielleicht gebraucht hätten.

Adolf Bechtold, Friedel Lutz und Dieter Lindner im Januar 2004 im "WM-Fußball-Globus". (Foto: Mathias Scheurer)

Für viele Fans war Schiedsrichter Mowat damals der Buhmann. Welchen Anteil hat für Sie die damalige Strafstoß-Fehlentscheidung?
Das können Sie vergessen! Auf die Entscheidung bezogen hat das keine Rolle gespielt.

Es wäre so oder so passiert?
Es wäre so oder so passiert. Wir konnten meines Erachtens nicht gegen diese Mannschaft gewinnen.

Wie sehen Sie den Ausgang des Endspiels heute?
Es war schon ein leichter Sieg von Real Madrid, wobei ich unsere Leistung in diesem Endspiel gar nicht schmälern möchte. Aber Sie dürfen ja nicht vergessen: Wir haben gespielt wie eine Amateurmannschaft – denn wir waren im Grunde genommen im Vergleich mit Real Madrid eine Amateurmannschaft. Das Leistungsgefälle war doch so groß – wenn Sie sich die Mannschaftsaufstellung von uns und Real Madrid vor Augen halten. Es war eine ausgesprochene Weltauswahl. Wie heute hat sich alles auf diesen Verein und diese Spieler konzentriert. Wir hatten eigentlich keine Chance. Wir sind zwar am Ende des Spiels betrübt gewesen, aber wir waren nicht geschlagen.

Was haben Sie in der Europapokalsaison 1960/61 gedacht, als die Eintracht nicht wieder teilnehmen durfte, aber der Hamburger SV die ersten Runden überstand? War da Wehmut im Spiel?
Ja, wir hatten ja auch 1961 noch einmal die Chance, Deutscher Meister zu werden und im Meistercup mitzuspielen. Das war ja eine ganz enge Entscheidung. Aber so ist Fußball. Wir haben unsere Erfolge 1959 und 1960 auch mental nicht so verkraftet, wie es hätte der Fall sein müssen. Wir waren da zu amateurhaft, sonst hätten wir 1961 noch einmal die Meisterschaft geholt.

Welchen Anteil hatte damals die Kameradschaft am Erfolg?
Einen riesengroßen Anteil! Eine ganz hervorragende Kameradschaft hat uns auch die Endrunde 1959 spielen lassen, was letztlich zur Deutschen Meisterschaft geführt hat. Wir waren damals sechs Wochen lang einkaserniert, von montags bis samstags zu den Endrundenspielen. Nach den Spielen sind wir nach Hause gegangen und haben uns Sonntagabend wieder getroffen. Und dann sitzen da 16 Spieler auf engstem Raum in der Sportschule zusammen. Sie leben permanent unter einer Anspannung. Das

ertragen Sie nur, wenn die Kameradschaft wirklich gut ist. Und das war das Fundament unserer Erfolge.

Es ist ja immer ein beliebtes Thema, was heute verdient wird und was damals verdient wurde.

Heute ist ja alles verjährt – da kann man offen darüber reden. Die Eintracht hat aus dem Spiel damals fast 300.000 Mark mitgebracht. Der Verein hat nie Geld. Das war damals schon so. Die Eintracht war verschuldet, und die Einnahmen durch die Deutsche Meisterschaft haben dazu geführt, dass man schuldenfrei war – erst recht mit den Einnahmen aus den Vorrundenspielen gegen Bern, Wien und Glasgow. Da war dann mal Geld da. Wir sind ja nicht alle so antiautoritär erzogen worden, wie das bei späteren Generationen der Fall war. Wir haben uns auf die Vereinsführung verlassen und gesagt, über Geld reden wir vor dem Spiel nicht. Wir werden schon zufrieden sein. Die Oberen machen das schon. Ich habe auch überhaupt kein Problem, wie damals bezahlt wurde. Damals wurde noch oben auf der Geschäftsstelle netto ausgezahlt. Als die Gehaltszahlung fällig war, in die dieses Spiel fiel, haben wir unseren Kapitän, das war Alfred Pfaff, hochgeschickt – er war ja die geballte Autorität – wir waren ja junge Spunde von 20. Dann hat der Schatzmeister dem Alfred Pfaff gesagt: „Das Präsidium hat beschlossen: Ihr bekommt 1.000 Mark." Das war viel Geld damals! Aber ich muss Ihnen ehrlich sagen: Uns war es angesichts des vergoldeten Geldzuflusses zu wenig. Danach kam dann Alfred Pfaff zu uns in die Kabine und erzählte „Also hört mal: 1.000 Mark." Dann hat sich die Mannschaft besprochen und gemeint, dass wir damit nicht einverstanden sind. „Alfred, geh' hoch und frag, wo das Präsidium heute ist". Jetzt saß der arme, allein gelassene Schatzmeister Karl Hohmann dem Alfred Pfaff gegenüber. „Ja, die tagen bei Gramlichs in Neu Isenburg." Also, hat sich die Mannschaft, der ganze Kader mit allen, die dazu gehörten, in Bewegung gesetzt. Der Kleinste mit dem Moped, der etwas besser Gestellte mit der Vespa, dann kam der Gogo und dann vielleicht ein Opel. Diese Karawane hat sich also in Bewegung gesetzt und traf dann in Neu Isenburg das Präsidium an, in feudaler Umgebung, mit entsprechendem Essen und Getränken. Und wir kamen nun mit unserem Anliegen. Der Zusammenhalt spricht ja auch für die Moral, die Haltung und Kameradschaft dieser Mannschaft. Wir sollten drei Tage später ein Freundschaftsspiel in Lüttich austragen. Für dieses Spiel sollte der Verein 40.000 Mark bekommen. Damals gab es auf der ganzen Welt nur zwei Vereine, die mehr bekommen haben – das waren der FC Santos mit Pelé und Real Madrid. So haben wir dem Präsidium gesagt: „Wir wollen jeweils 3.000 Mark. Und wenn wir die nicht bekommen, dann fahren wir nicht nach Lüttich." Und wir wären auch nicht gefahren. Das Präsidium hat sich dann zur Beratung zurückgezogen. Nach zehn Minuten kamen sie zurück, und wir bekamen die 3.000 Mark. Wenn man an die heutigen Prämien von Endspielen denkt, dann kann man natürlich sagen – obwohl 3.000 Mark damals viel Geld war – dass das heute ein ganz anderes Niveau ist.

Die 2. Runde – Achtelfinale

Frankfurter Sportgemeinde
„Eintracht" (F. F. V.) e.V.

Flutlicht-Premiere
STADION

438

Europa-Cup-Spiel

Young-Boys Bern / Eintracht

Mittwoch, 25. November 1959, 20.00 Uhr

Sitzplatz/Gegengerade DM 8.00

Sektor	Eingang	BLOCK	REIHE
gelb	12	U	16

№ 438

Keine Haftung für Sach- und Personenschäden.
Bei Spielabbruch keine Rückzahlung. Auf Verlangen vorzeigen.
H. Sinn, Ffm. Petterweilstraße 67

№

Sitzplatz
Gegengerade
Block U

Die 2. Runde – Achtelfinale

- Saisonverlauf (2.1)
- Ein Husarenstück zum Einstand – Hinspiel bei den Young Boys Bern
- Saisonverlauf (2.2)
- Flutlichtpremiere – Rückspiel gegen die Young Boys Bern
- Reals Schützenfest
- Blick zur Konkurrenz

Saisonverlauf (2.1)

Nachdem die ersten beiden Frankfurter Europapokalspiele ausfielen konnte sich die Eintracht zunächst noch auf das vertraute Pflichtprogramm der Oberliga Süd konzentrieren. Beim vierten Meisterschaftsspiel bei 1860 München wollte ihr das allerdings nicht sonderlich gut gelingen. 2:4 verlor man. Hierbei legte Ex-Adler Ekko Feigenspann seinem alten Klub gleich zweimal den Ball ins Netz. Das wollte die Eintracht nicht auf sich sitzen lassen. Mit sage und schreibe 11:0 fertigte man Bayern Hof ab, gewann in der folgenden Woche 4:2 beim FSV Frankfurt und am 11. Oktober 6:2 gegen die Stuttgarter Kickers. Man fand sich an der Tabellenspitze wieder. Dann folgten allerdings wieder weniger erfolgreiche Tage: ein 3:3 beim 1. FC Nürnberg, eine 0:2 Heimniederlage gegen Bayern München, bei der sich Eigenbrodt das Wadenbein brach, sowie ein 1:2 bei Kickers Offenbach. Inzwischen wurden weitere Spieler des Kaders vereinzelt eingesetzt (Erich Meier, Eberhard Schymik, Wolfgang Solz, Adolf Bechtold, Severin Sorger und Hans-Günter Kirchhof), doch genau zum falschen Zeitpunkt – vor dem Spiel bei dem neunmaligen Schweizer Meister Young Boys Bern – zeigte die Formkurve klar nach unten. Ein noch während der ersten Siegesserie ausgetragenes, auf den Achtelfinal-Gegner aus Bern ausgerichtetes Testspiel bei Servette Genf (am 3. Oktober), bei dem die Gegner beide ersatzgeschwächt antraten, wurde zwar 3:2 gewonnen, brachte allerdings kaum Erkenntnisse.

Ein Husarenstück zum Einstand – Hinspiel bei den Young Boys Bern

04.11.1959, 20.15 h	**Young Boys Bern – Eintracht Frankfurt 1:4 (1:1)**
Tore:	0:1 Weilbächer (4.), 1:1 Meier (26.), 1:2 Stein (73.), 1:3 Bäumler (78./Strafstoß), 1:4 Meier (83.)
Zuschauer:	34.000 - 45.000 (bis zu vier verschiedene Angaben in den Quellen)
Schiedsrichter:	Zariquiegui/Spanien

Bern: Eich, Flückiger, Bigler, Schnyder, Steffen, Schneiter; Walker, Meier, Führer, Rey, Allemann – Trainer Albert Sing

Eintracht: Loy, Schymik, Höfer, Weilbächer, Stinka, Bäumler, Lutz, Lindner, Stein, Pfaff, Meier – Trainer Paul Oßwald

Young Boys Bern, das in der Vorsaison bis ins europäische Halbfinale vorstoßen konnte und schon deshalb nicht unbedingt als leichter Gegner galt, wurde der Eintracht für die zweite Runde zugelost. Das Interesse der Schweizer an dem Spiel war groß. Lange Menschenschlangen bildeten sich beim Beginn des Kartenvorverkaufs. Der Verein wurde vom Deutschen Albert Sing trainiert, der unter Paul Oßwald als Spieler einen Lehrgang für die Nationalmannschaft absolviert hatte und dann auch von Sepp Herberger einberufen wurde. Für die Spiele der Young Boys ließ er seinen Rechtsaußen Allemann regelmäßig aus dessen Wohn- und Arbeitssitz in London einfliegen. Oßwald impfte seinen Spielern ein, die Schweizer nicht zu unterschätzen.

Die verletzten Eigenbrodt und Kreß standen nicht zur Verfügung, weshalb Eberhard Schmyik in die rechte Verteidigung und Erich Bäumler auf Rechtsaußen nachrückten. Unter dem hellen Flutlicht des Berner Wankdorf-Stadions ertönte dann der Anpfiff zum ersten wirklichen Europapokalspiel der Eintracht. Die paar hundert fahnenschwenkenden Eintracht-Anhänger waren mit ihren Schlachtrufen in einer Lautstärke zu hören, als seien es Tausende.

Offizielles Programm Bern - Eintracht

Es waren gerade etwas mehr als drei Minuten gespielt, als Erwin Stein in der eigenen Hälfte den Ball erhielt und in schnellem Tempo auf das Berner Gehäuse zulief. 25 m Entfernung waren es noch, als er – kurz bevor er schießen wollte – zu Fall gebracht wurde. Freistoß. Hans Weilbächer, Spezialist für kräftige Schüsse, hatte in der Abwehrmauer der Schweizer einige Lücken ausgemacht. Auch schien der schweizerische Nationaltorhüter Walter Eich noch nicht so weit zu sein. Ein blitzschneller und harter Schuss ... wie an der Schnur gezogen schlug es im Berner Tor ein. Die Eintracht hätte danach sogar erhöhen können, doch Stein vergab eine ganze Reihe an Chancen.

Es dauerte bis zur 26. Spielminute, als der 33malige Young Boys-Nationalspieler Meier unhaltbar aus 20 Metern Entfernung zum 1:1 abschloss. Die Eintracht wankte. Die weiträumigen Direkt-Kombinationszüge der Eintracht kamen nicht zur Entfaltung. Die Berner Außenläufer Anton Schnyder und Heinz Schneiter tauchten dafür umso häufiger vor dem Tor von Egon Loy auf. Halbzeit.

Die zweiten 45 Minuten begannen mit einem Tor von Erwin Stein, das der Schiedsrichter aufgrund einer Abseitsstellung nicht anerkannte. Nun drehte Young Boys wieder auf. Pfaff hatte größte Schwierigkeiten mit Schnyder. Das 2:1 für die Heimmannschaft schien nur eine Frage der Zeit. Die schweizerischen Zuschauer gingen begeistert mit ihrer Mannschaft mit – selbst gegen MTK Budapest und Stade de Reims im letzten Jahr hatte man den Gegner nicht so stark eingekreist: 21 Spieler standen vor dem Eintracht-Tor. Doch dann löste ein Konter die Umklammerung – mit einem weiten Direktpass wurde Stein in der 73. Spielminute nach vorne geschickt. Endlich traf dieser den Ball richtig und versenkte ihn zum 2:1 für die Eintracht im gegnerischen Tor.

Daraufhin übernahm die Eintracht wieder die Regie. Es ging Schlag auf Schlag. Die Eintracht-Anhänger gerieten aus dem Häuschen, als der Schweizer Meister auseinander genommen wurde. Erst schlug Höfer einen Kopfball noch von der Torlinie. Dann stoppte Berns Steffen einen 25 Meter-Schuss von Stein mit der Hand auf der Young Boys-Torlinie. Bäumler verwandelte den fälligen Strafstoß nach einer Täuschung sicher (78.). In der 83. Minute fand Eintracht-Linksaußen Meier bei einem seiner vielen Schüsse noch eine Lücke und erzielte aus schrägem Winkel den 4:1-Endstand.

Mit dem Schlusspfiff überflutete die deutschen Anhänger das Spielfeld und trugen die Spieler der Eintracht auf den Schultern in die Kabine.

Es war ein Spiel voller Widersprüche. Der Sieg fiel viel zu hoch aus und täuschte darüber hinweg, wie sehr die Eintracht bangen musste. Berns Trainer Sing sparte nicht mit Komplimenten. Die Eintracht hätte das flüssigere, konstruktivere Kombinationsspiel gezeigt. Der robuste Kampf auf dem Platz lag der Eintracht weniger – sie war eher eine „spielende" Mannschaft. So stachen bei diesem Spiel die wenigen Kämpfer wie in erste Linie Weilbächer und in zweiter Höfer, Lutz und Meier heraus. Die technisch versierten Stinka und Lindner kamen erst zum Zuge, als die Young Boys gegen Ende das Mittelfeld freigaben. Lindner hielt mit schmerzender Wunde durch. Loy verdiente sich durch entschlossenes Wegfausten der Bälle Extra-Lob. Und Schymik bewährte sich in der erstmals übernommenen Verteidiger-Rolle.

Saisonverlauf (2.2)

Der glückliche Erfolg im ersten offiziellen Europapokalspiel der Eintracht gab einen Schub für die Meisterschaft. Schweinfurt 05 kam in Frankfurt gegen die Eintracht mit ihrer Aufstellung von Bern 0:5 unter die Räder, doch der VfR Mannheim gab beim 1:1 auf heimischen Platz gegen das unveränderte Eintracht-Team nur einen Punkt ab. Die Young Boys spielten hingegen in der Schweizer Meisterschaft eher bescheiden mit. Einer 3:5-Niederlage gegen Grashoppers Zürich folgte zwar ein glatter 4:0 Erfolg über Servette Genf, doch im Kampf um die Tabellenführung musste mit dem 1:5 gegen La Chaux-de-Fonds eine schmerzliche Niederlage eingesteckt werden.

Flutlichtpremiere – Rückspiel gegen die Young Boys Bern

25.11.1959, 20.00 h	**Eintracht Frankfurt – Young Boys Bern 1:1 (0:0)**
Tore:	1:0 Bäumler (68./Strafstoß), 1:1 Schneider (89.)
Zuschauer:	31.000 - 40.000
Schiedsrichter:	Perez/Spanien
Eintracht:	Loy, Schymik, Höfer, Stinka, Lutz, Weilbächer, Kreß, Lindner, Stein, Pfaff, Bäumler – Trainer Paul Oßwald
Bern:	Eich, Zahnd, Bigler, Schnyder, Haldimann, Rey, Meier, Wechselberger, Schneider, Allemann, Flückiger – Trainer: Albert Sing

Offizielles Programm Eintracht - Bern

Für die Frankfurter Eintracht sollte das Spiel am 25. November 1959 nicht nur das erste Europapokal-Heimspiel werden, es gab gleich eine zweite Premiere zu feiern: Der Flutlichtpokalsieger von 1957 (damals mit Flutlichtheimspielen am Riederwald) kam erstmals in den Genuss der neuen, hochmodernen Flutlichtanlage des Waldstadions. Es drohte bereits eine Verlegung des Spiels nach Köln oder Düsseldorf, da die Arbeiten an der Flutlichtanlage nicht schnell genug vorangetrieben wurde. Doch die Stadt Frankfurt sicherte die notwendige Finanzierung (insgesamt 500.000 Mark) schließlich noch rechtzeitig ab. Das Spiel wurde auf den letztmöglichen Termin gelegt und die Anlage dadurch noch rechzeitig fertig gestellt. Bereits auf dem Weg zum Stadion herrschte Premierenstimmung. Wie sollte das Spiel gegen Bern da noch zum Problem werden können?

Die vier Frankfurter Gegentore in Bern hatten Young Boys-Torhüter Walter Eich sehr geärgert. Die Schweizer standen nach den letzten bescheidenen Wochen allgemein stark unter Druck. Bern-Trainer Albert Sing: „Ein gutes Spiel hier in Frankfurt und ein annehmbares Ergebnis geben der Elf Selbstvertrauen wieder. Und dann können wir uns daheim wieder sehen lassen." Genau so kam es. Und Walter Eich sollte der Mann des Rückspiels werden.

Das Spiel der Eintracht im nebelverhangenen Waldstadion enttäuschte nicht: gelungene Ballstafetten, direkte Pässe, herzhafte Schüsse und haufenweise Kampfszenen. Doch man rannte sich immer wieder in der Abwehrreihe der Young Boys fest. Berns Verteidiger Flückiger zog sich zurück und organisierte ein Abwehrbollwerk, gegen das die Eintracht 80

Minuten lang anrannte. Kamen Schüsse durch, so brachte Eich mit seinen tausend Händen die Frankfurter zur Verzweiflung. Den Frankfurtern fehlte ein echter, kaltblütiger Vollstrecker. Nur ein Strafstoß konnte Eich überwinden. Den gab es, nachdem Dieter Stinka in der 68. Spielminute auf das Berner Tor köpfen wollte und weggestoßen wurde. Der Pfiff kam – wohl nicht ganz unumstritten – doch Erich Bäumler ließ sich die Chance nicht entgehen und traf zum Frankfurter 1:0. Der Strafstoß war nicht unhaltbar.

Eintrittskarte Eintracht - Bern

Der verdiente Ausgleich der Young Boys fiel quasi mit dem Schlusspfiff. Mittelstürmer Schneider, der dritte Mann der Berner „Schneiderei", schoss vom 16-Meter-Raum flach und ebenfalls unhaltbar ins Netz.

Eintracht Frankfurt - Young Boys Bern: Eich in der Luft, doch der Schuss geht am Tor vorbei - Pfaff und Stein haben das Nachsehen.

Das Frankfurter Publikum war mit dem Ausgang des Spiels unzufrieden. Schließlich hatte eine Stunde Feldüberlegenheit keinen zählbaren Erfolg gebracht. Ehrlich gab die Eintracht später im offiziellen Mitteilungsorgan des Vereins zu, dass man einfach nicht in Form gewesen sei. Dafür erhielt das Frankfurter Publikum noch ein Lob von UEFA-Bobachter Dr. Bauwens: „Die fairsten Zuschauer, die ich lange sah." Emilio Östreicher, Manager bei Real Madrid hatte das Spiel verfolgt, zeigte nach dem von den Bernern durchkreuzten Eintracht-Spiel wenig Respekt vor der Frankfurter Mannschaft und verabschiedete sich mit einem „Auf hoffentlich baldiges Wiedersehen!" Paul Oßwald, dessen Eintracht man eine Krise nicht absprechen konnte, konterte: „Aber möglichst erst im Finale!"

Reals Schützenfest

Das Los wollte es, dass Titelverteidiger Real Madrid ausgerechnet auf das Überraschungsteam der ersten Runde treffen sollte: Jeunesse Esch, der vielleicht harmloseste Gegner des Wettbewerbs. Da zunächst Real aus dem Lostopf gezogen wurde, hätte das Hinspiel eigentlich in Madrid ausgetragen werden sollen. In der Erwartung eines zusätzlichen Geschäfts boten die Spanier den Luxemburgern an, zunächst in Luxemburg zu spielen, falls Jeunesse 35.000 Mark Entschädigung zahlen würde. Doch wozu, fragten sich die Luxemburger. Real würde so oder so für ein gefülltes Stadion sorgen. Und so traten die Luxemburger zunächst in Spanien an, wo sie von 60.000 Zuschauern – darunter zehn eigene Anhänger – erwartet wurden. 7:0 kam Jeunesse Esch mit seinem 17jährigen, gut parierenden Torhüter René Hoffmann eher standesgemäß unter die Räder. Alfredo di Stefano (1), Enrique Mateos (1), Helenio Herrera (2) und Ferenc Puskas (3) erzielten die Treffer. Beim Stande von 5:0 erheiterte di Stefano das Publikum, weil er sich nicht verkneifen konnte, gelangweilt seine Hände an die Hüfte zu stemmen und sich vorübergehend mit der Zuschauerrolle zu begnügen.

65.000 Mark bot ein belgischer Geschäftsmann für die Verlegung des Rückspiels in eine belgische Stadt. Doch Jeunesse ging nicht darauf ein, wollte sich das Spiel auf eigenem Platz nicht entgehen lassen. 20.000 Luxemburger wollten das Wunderteam aus Madrid bestaunen – wieder fielen sieben Tore, allerdings erfolgte die Verteilung etwas angenehmer: zwei für Jeunesse (jeweils als Führung), fünf für Real (José Maria Vidal (1), Enrique Mateos (2), Alfredo di Stefano (1) und Ferenc Puskas (1)). Nachdem alle Tore in der ersten Halbzeit fielen, ließ man es in der zweiten gemächlich angehen.

Immer noch nicht zum Zuge kam bei Real Madrid Didi, da di Stefano mit dem Südamerikaner überhaupt nicht klar kam. Er wollte dies auch gar nicht. Und so wurde der Neuzugang auf Eis gelegt.

Blick zur Konkurrenz

B 1909 Odense hieß der Achtelfinalgegner für den Wiener SC. 3:0 siegten die Österreicher in Dänemark und konnten das Rückspiel gemächlich angehen lassen. Mit dem 2:2 am Prater kassierten die Dänen zumindest keine zweite deutliche Niederlage.

Nun griff auch Hollands Meister Sparta Rotterdam ins Geschehen ein. Drei Daniels-Tore sorgten bereits nach 48 Minuten gegen IFK Göteborg für eine beruhigende Führung. Johansson verkürzte in der 81. Minute auf 3:1 – es war ein Treffer, der den Schweden Auftrieb gab. Und tatsächlich war es IFK im Rückspiel genauso erfolgreich wie Sparta im Hinspiel: 3:0 hieß nach 67 Minuten. Doch vier Minuten später setzte sich die Parallele mit einem holländischen Gegentreffer fort. Ein Entscheidungsspiel war notwendig, das am 25. November in Bremen ausgerichtet wurde. Und wieder lautete das Endergebnis 3:1 – Sparta zog vor 8.000 Zuschauern ins Viertelfinale ein.

Die fünfte Achtelfinalpaarung schien die Top-Begegnung dieser Runde zu sein. Der AC Mailand traf auf den FC Barcelona. Das San Siro erlebte 54.000 Tifosi, die von ihrem Team enttäuscht wurden. Schon nach einer Viertelstunde war der Endstand von 0:2 hergestellt. Auch das Rückspiel, für das in Hinblick auf ein gefülltes Stadion die Eintrittspreise erheblich gesenkt wurden, bedeutete für die Katalanen kein Problem mehr. 5:1 gewann man vor 75.000 Zuschauern – Ladislao Kubala erzielte hierbei gleich drei Treffer.

Die Wolverhampton Wanderers waren in ihrem Hinspiel zu Gast in Belgrads Partisan-Stadion bei Roter Stern. In der 70. Minute legte Wolverhamptons Scott für die Engländer vor. Eine Minute vor dem Schlusspfiff gelang Kostic in der hitzigen Atmosphäre noch der Ausgleich. Das Rückspiel gestaltete sich weniger spannend: 3:0 siegten die Wanderers.

Der zweite britische Verein, die Glasgow Rangers, trafen auf Roter Stern Bratislava. Zum Leidwesen der 80.000 schottischen Zuschauer im Ibrox Park entwickelte sich nicht der erhoffte klare Spielverlauf. Sieben Tore fielen im Viertelstunden-Takt durch sieben verschiedene Spieler: 0:1, 1:1, 1:2, 2:2,

3:2, 3:3, 4:3 – das letzte Tor für die Rangers fiel in der 87. Minute. Das Rückspiel vor 60.000 Slowaken war weniger torreich, aber fast ebenso spannend. Die schottische Führung aus der 70. Minute glich Bratislava erst in der 89. Minute aus – zu spät für den fehlenden zweiten Treffer.

Um den letzten Platz für das Viertelfinale zu ermitteln ging es erneut in die Verlängerung. Fenerbahçe Istanbul musste sich mit dem starken französischen Vertreter aus Nizza auseinander setzen. OGC nahm am Bosporus eine 1:2-Niederlage hin, erreichte aber im Rückspiel das gleiche Ergebnis – das dritte Spiel ermöglichte ein Strafstoß der Türken fünf Minuten vor dem Ende. Das Entscheidungsspiel wurde erst am 23. Dezember ausgetragen. 22 Busse mit türkischen Anhängern fuhren aus der Türkei nach Genf. Dort war die Angelegenheit dann eindeutig: 5:1 siegten die Franzosen.

Interview mit Erwin Stein

In sieben Jahren bei der Eintracht absolvierte Erwin Stein 342 Spiele (inklusive Freundschaftsspiele) und erzielte dabei 267 Tore. Er ist auch der erfolgreichste Eintracht-Torschütze der Europapokalsaison 1959/60.

Nachdem Sie als Amateur aufgehört und bei der Eintracht einen Vertragsspieler-Vertrag unterschrieben haben, bekamen Sie bei Sepp Herberger keine Chance mehr. Trotz sehr guter Leistungen. Hat Sie Herberger vor dem Wechsel gewarnt?
Eigentlich nein. Ich habe damals in der Amateur-Nationalmannschaft gespielt und quasi alle Tore geschossen. Die Mannschaft stand bereits für die Olympiade 1960 in Rom. Spieler wie Charly Dörfel waren in dieser Mannschaft. Der damalige Trainer, der Georg Gawlicek, und Sepp Herberger haben mich gefragt, ob ich noch bis zur Olympiade Amateur bleiben würde. Das habe ich bejaht. Aber dann hatte ich in Griesheim, wo ich als Amateur gespielt habe, Querelen. Außerdem hat das Angebot der Eintracht gelockt. So habe ich bei der Eintracht unterschrieben. Und ich habe den Fehler gemacht, dass ich Sepp Herberger vor dieser Unterschrift nicht informiert habe. Das hätte ich machen sollen. Ich war zum Lehrgang in München für die A-Nationalmannschaft eingeladen. Als dann der Wechsel publik wurde, bin ich sofort per Telefon ausgeladen worden.

Hat es Sie im Nachhinein geärgert, dass Sie selbst Herberger nicht informiert haben?
Geärgert habe ich mich nicht. Nur wurde mir der Schwarze Peter zugeschoben. Nachdem ich unterschrieben hatte, haben postwendend drei oder vier andere Spieler, die die Korsettstangen dieser Amateur-Nationalmannschaft waren, selbst Verträge unterschrieben, nach dem Motto „Wenn der Erwin nicht mehr dabei ist, ist alles sinnlos. Da kommen wir sowieso nicht weiter". Das war eine Initialzündung. Alles hat darauf gewartet, wer den Anfang macht. Und das war ich.
Ich habe mich danach durch gute Spiele für die Nationalmannschaft angeboten. Die Presse hat das positiv begleitet. Aber der Sepp Herberger war damals nicht bereit, irgendwie etwas zuzulassen. Es war nichts drin. Das war damals das Thema.

War das eine Art Rache oder Egoismus von Herberger?
Ich glaube, der hat ein Opfer gebraucht, um wieder seine Stärke zu demonstrieren. Der Bundestrainer war damals noch der liebe Gott. Das ist ganz anders als heute. Der heutige Bundestrainer hat eine Last, überhaupt

eine Mannschaft mit einigermaßen guten Spielern zusammen zu bekommen. Damals ist jeder zu Kreuz gekrochen, dass er überhaupt mitmachen durfte.

Konnten Sie sich mit dem Herberger noch mal aussprechen?
Das war möglich. Er hat mir auch Briefe geschrieben, die ich heute noch aufbewahre und nicht an die Presse weitergeben sollte.

Hat er es bedauert?
Nein, eigentlich nicht.

Bern war trotz der Höhe doch ein glücklicher Sieg. Haben Sie mal darüber nachgedacht, dass alle anderen Erlebnisse beinahe nie Wirklichkeit geworden wären?
Ja, sicher, aber zum Sport gehört auch ein bisschen Glück. Ich nehme an, dass die Schweizer Spieler noch weniger fit waren als wir, dass das Zünglein dann für uns ausgeschlagen hat.

Ihre Frau ist mit einer Puppe im Eintracht-Dress als Maskottchen nach Glasgow geflogen? War die selber gebastelt?
Ja, das stimmt. Die war in der Zeitung damals abgebildet. (Einwurf von Renate Stein:) Die habe ich nicht selber gebastelt, die hat man mir geschenkt, als wir in Glasgow aus dem Flugzeug gestiegen sind.

Profis gegen Vertragsspieler. Hat Sie diese Chancenungleichheit schon vor dem Finale geärgert oder war Ihnen das eher egal?
Für mich war jeder einzelne Spieler von Real der liebe Gott. Ich war da schon 24, aber ich war nicht ängstlich vor denen. Das liegt vielleicht daran, dass ich ziemlich stake Nerven habe. Aber wir hatten zum Beispiel einen Spieler, der stand bei dem Spiel auf der Torlinie und ist – als der Ball einmal auf das Tor kam – vor lauter Aufregung nach hinten umgefallen, was ihm sonst nie passiert wäre. Und der Ball ist ins Tor gegangen. Das war diese Ehrfurcht vor diesen Spielern und Aufgeregtheit.

Paul Oßwald hat – bezogen auf Real – von „verblüffend gekonnten Fouls, kleinen Stößen mit der Hand und raffinierten Drehungen mit dem Fuß" gesprochen und sich gefreut, dass die Mannschaft so diszipliniert geblieben wäre. Hat das im Spiel viel ausgemacht?
Ja, das auf jeden Fall. Wir konnten kämpfen bis zum Umfallen und auch mal hinlangen – wie man so schön sagt – aber wir waren fair. Ich hab damals gegen Santamaria gespielt. Der war der letzte Mann. Ich war viel an-

trittschneller als der, aber ich bin an dem rein läuferisch nicht vorbei gekommen. Während des Sprints zum Ball hat der mich halb ausgezogen. Da gibt es so viele Kleinigkeiten. Zum Beispiel wird ein Eckball geschossen, und man kann gar nicht zum Kopfball springen, weil der Gegenspieler mit seinem Fuß einem auf dem Schuh steht. Das sieht niemand im Stadion. Und die Leute fragen sich, warum der Spieler nicht hochspringt. Es hat kaum jemand geschafft, gegen diesen Spieler – Santamaria – zwei Tore zu schießen. Da bin ich heute noch stolz drauf, dass mir das gelungen ist.
Aber die waren tatsächlich besser als wir. Wir hatten nur eine kleine Chance zu Beginn, als wir 1:0 geführt haben. Danach hatten wir noch zwei, drei Chancen – da war Real ganz aus dem Häuschen. Dann haben wir einen Elfmeter gegen uns bekommen.
Wenn man das heute im Film nachvollzieht, sieht man, dass das beileibe kein Elfmeter war. Wäre der Elfmeter nicht gewesen ...vielleicht ... - aber na gut, ist vorbei.

Sie sind nicht nur der erfolgreichste Eintracht-Torschütze der Europapokalspiele der Saison 1959/60, sondern weisen auch fast den besten Europapokalschnitt überhaupt bei der Eintracht auf. (Sechs Tore in acht Spielen entspricht 75%, wie Anthony Yeboah 12/16 - nur Axel Kruse (5/6) liegt besser.) Und trotzdem waren es nur zwei internationale Spielzeiten für Sie. Hat Sie das im Nachhinein sehr geärgert?
Nein, ich hatte so eine schöne Zeit mit der Eintracht. Ich habe nur den Fehler gemacht, dass ich nach zwei, drei Jahren nicht gewechselt bin. Ich hatte damals sehr gute Angebote. Meine Frau hat mir damals zugeredet, dass ich gehe, aber ich war halt zu bodenständig. Sonst hätte es für uns wirt-

Erwin Stein 2002 mit dem Landesmeister-Pokal (Foto: Privat)

schaftlich garantiert besser ausgesehen, als es dann wurde.

Gibt es lustige Geschichten, Anekdoten von den Europapokal-Reisen, die in der Öffentlichkeit nicht bekannt sind?

Als wir in Glasgow damals trainiert haben, hat einer unserer Spieler nach der Rückkehr mit dem Bus in unserem Quartier gemerkt, dass er sein Handtuch am Platz vergessen hatte. Dann ist er zum Zeugwart gelaufen und hat ihn mit seinem reinen Oxford-Englisch gefragt: „Have you my handtuchs?". Damit haben wir ihn dann auch immer geärgert.

Erwin Stein im Finale

Welche war die für Sie schönste Auslandsreise mit der Eintracht?

Das war die Weltreise, die wir gemacht haben. Über Zürich – Athen – Kairo – Karachi – Kalkutta – Kuala Lumpur – Bangkok – Hongkong – Tokio – Hawaii – Los Angeles – San Francisco – Vancouver – Winnipeg – Toronto – New York.

Die 3. Runde – Viertelfinale

Die 3. Runde – Viertelfinale

Saisonverlauf (3.1)

- Die erste Zitterpartie – Hinspiel gegen den Wiener SC
- Saisonverlauf (3.2)
- Die Regenschlacht – Rückspiel beim Wiener SC
- Erlebnisbericht: So ein Tag, so wunderschön wie heute
- Reals unglaubliche Niederlage
- Blick zur Konkurrenz

Saisonverlauf (3.1)

Das alte Jahr endete für die Eintracht mit einem 3:2 gegen Viktoria Aschaffenburg, einem 2:2 ebenfalls zu Hause gegen den SSV Reutlingen, einem 8:0 in der ersten Pokalrunde beim FC Rödelheim und einem 1:0 Sieg am 12. Dezember bei der TSG Ulm. Zwei Tage zuvor wurde noch das Viertelfinale des Europapokals in Paris ausgelost. Die Eintracht erhielt ihren Wunschgegner, den Wiener SC. Die Winterpause schien zu kurz für eine Erholung gewesen zu sein. Die Rückrunde, die für die Eintracht bereits am 3. Januar in Fürth begann, brachte den Hessen zunächst nur Niederlagen – gegen die drei Teams, die man zu Saisonbeginn noch relativ problemlos besiegte, hagelte es ein 0:4 (in Fürth), ein 2:4 (gegen VfB Stuttgart) und ein 1:2 (in Karlsruhe). Immerhin blieb noch etwas Zeit, um vor dem Viertelfinale im Europacup wieder in Form zu kommen. 1860 München schlug man in der Folge mit 3:2. Gegen Bayern Hof (der 0:11-Verlierer) unterlag die Eintracht auswärts mit 0:1. Der FSV Frankfurt wurde im Heimspiel 2:1 niedergerungen, die Stuttgarter Kickers am Degerloch mit 2:0, der 1. FC Nürnberg in Frankfurt mit 3:1 und der SV Darmstadt 98 in der zweiten Pokalrunde am Böllenfalltor mit 3:2 geschlagen. So langsam konnten die Wiener kommen …

Die erste Zitterpartie – Hinspiel gegen den Wiener Sport Club

3.3.1960, 20.00h	**Eintracht Frankfurt – Wiener SC 2:1 (1:0)**
Tore:	1:0 Lindner (17.), 1:1 Skerlan (48.), 2:1 Meier (59.)
Zuschauer:	33.000 – 35.000
Schiedsrichter:	Quinard/Schweiz
Eintracht:	Loy, Lutz, Höfer, Schymik, Bechtold, Stinka, Kreß, Weilbächer, Lindner, Pfaff, Meier – Trainer Paul Oßwald

Wien: Bogner, Windisch, Hasenkopf, Oslansky, Büllwatsch, Barschandt, Novy, Knoll, Hof, Hamerl, Skerlan – Trainer Hans Pesser

Die englischen Buchmacher sahen die Eintracht im Viertelfinale gegen den Wiener SC vorne (Frankfurt 7:1, Wien 10:1). Den Frankfurtern waren die Wiener gar nicht mal so unlieb. 1958 hatte man zwei Freundschaftsspiele gegen die Österreicher ausgetragen und zwei deutliche Siege (6:1, 5:1) eingefahren. Doch von einer derartigen Wiederholung konnten die Frankfurter, die mit den Wienern für das Viertelfinale ungewöhnlicherweise eine Einnahmeteilung vereinbarten, diesmal nur träumen. Die Eintracht konnte erneut nicht auf die Wunschformation zurückgreifen. Stein und Eigenbrodt fehlten, dafür rückte Weilbächer in den Sturm, während Adolf Bechtold nachrückte und die Stopperrolle übernahm. Aber auch die Wiener, die sich mit einer bis dahin angeblich nicht gekannten Intensität auf das Aufeinandertreffen vorbereiteten, mussten einen wichtigen Spieler ersetzen. Für den aufgrund einer Verletzung fehlenden Stammtorhüter Szanwald sollte der junge Bogner zwischen den Pfosten stehen. Das Abschlusstraining der Wiener gestaltete sich zum eigenen Ärger kurios: Die Stadionverwaltung hatte offenbar trotz Anmeldung das Training der Österreicher vergessen: keine Umkleidekabine war geheizt, und auch warmes Wasser in den Duschen war nicht vorbereitet. So mussten sich die fluchenden Gäste einen kalten Massenumkleideraum mit fünfzig Gesundheitssportlern teilen. Schließlich wurde auch noch das Flutlicht um die halbe Stärke reduziert. „Ist

Offizielles Programm Eintracht - Wien

FRANKFURTER SPORTGEMEINDE „EINTRACHT" (F.F.V.) E.V.
Flutlicht-Spiel · STADION

Europa-Cup-Spiel

Wiener-Sportclub/Eintracht

Donnerstag, 3. März 1960, 20.00 Uhr

Stehplatz / Erwachsene DM 2.50

№ 22321

Keine Haftung für Sach- und Personenschäden.
Bei Spielabbruch keine Rückzahlung. Auf Verlangen vorzeigen.
H. Sinn, Ffm. Petterweilstraße 67

Eintrittskarte Eintracht - Wien

auch genug zum Einschießen. Kostet schließlich eine schöne Stange Geld!", meinte der verantwortliche Mitarbeiter zu den verdutzten Wienern. Als hingegen positiv empfand das Wiener Lager den 250 Mark teuren Kauf eines „Wunderapparates", den ihnen ein Frankfurter Erfinder anbot. Es handelte sich um einen elektrischen Vibrator, der als Massagegerät die Runde zwischen den Spielern machte. Der Wiener Kurier berichtete vor dem Spiel, wie die Sportklub-Spieler im Negligé auf den Gängen ihres Quartiers, dem Hamburger Hof, gesichtet wurden und mit dem „unförmigen Ding" umherliefen. Szanwalds Knie schwoll gleich nach der Behandlung mit dem Gerät ab – er bedauerte, dass er dies nicht schon einen Tag früher tun konnte, sonst hätte er eventuell doch noch gespielt.

Es regnete in Strömen, als das Spiel angepfiffen wurde. Die Wiener beschränkten sich fast nur auf das Zerstören des gegnerischen Spiels. Nur die Eintracht spielte und kombinierte dabei so gut, dass man sich auf der Tribüne an die Berner zurück erinnerte, die doch ein viel größeres Kaliber im Vergleich zu den Wienern darzu-

Eintracht Frankfurt - Wiener SC: Wiens Torwart Bogner klärt vor Weilbächer zur Ecke - v.l. Barschandt, Büllwatsch, Weilbächer, Stinka, Windisch und vorne Bogner

Eintracht - Wiener SC: In der 60. Minute setzte Alfred Pfaff seinen Kameraden Meier (Nr. 11) geschickt ein. Der Linksaußen kam frei zum Schuss zum 2:1 für die Eintracht.

stellen schienen. Lindner war nach 17 Minuten mit einem Kopfball erfolgreich und erzielte die 1:0-Führung der Eintracht. Doch es war nicht der Auftakt zu weiteren Toren. Der Dauerregen stoppte alle technischen Ansätze – wieder blieb nur ein kraftvolles Bemühen.

Mit der Spieldauer nahm auch die Nervosität der Eintracht-Anhänger zu. In der 48. Spielminute setzte Wiens Skerlan zu einem technischen Kunststück an und verblüffte damit den durch das Flutlicht irritierten Egon Loy: Er verwandelte einen Eckball direkt durch einen raffiniert gedrehten Bogenschuss. Loys Rettungsversuch per Faustschlag kam zu spät. Eine Sensation bahnte sich an.

Kurz bevor eine Stunde abgelaufen war erlöste „Flutlicht-Meier" die Eintracht und ihre Anhänger mit einem stark abseitsverdächtigen Treffer, den der Schiedsrichter anerkannte. Das reichte für einen knappen 2:1-Sieg, den die Wiener wie einen eigenen Sieg feierten, während die Riederwälder ihre Köpfe hängen ließen. Paul Oßwald zweifelte, ob dieser Sieg für das

Rückspiel ausreichen würde: „Wenn man zwölf glasklare Torchancen hat, wie wir heute, dann muss man daraus eben vier bis fünf Tore machen."

Saisonverlauf (3.2)

Pfaff ging aus dem Wiener Spiel angeschlagen hervor und musste in der Meisterschaft erst einmal passen. Zwei Spiele aus der Hinrunde standen für die Eintracht in der Oberliga noch vor dem Rückspiel in Wien auf dem Programm. Zu allem Überfluss verletzten sich Bechtold und Lutz beim Spiel bei den Münchner Bayern. Schon früh stand die Eintracht nur noch mit acht Feldspielern auf dem Platz und verlor schließlich mit 0:3. Sowohl für das nächste Meisterschaftsspiel als auch gegen Wien fielen Bechtold und Lutz noch aus. Immerhin, rechtzeitig drei Tage vor dem Anpfiff in Wien erkämpfte man sich – psychologisch nicht zu unterschätzen – im Mainderby gegen das favorisierte Kickers Offenbach vor 30.000 Zuschauern am Riederwald einen 3:2 Sieg.

Die Regenschlacht – Rückspiel beim Wiener Sport Club

16.03.1960, 19.15 h Wiener SC – Eintracht Frankfurt 1:1 (1:0)

Tore: 1:0 Hof (31.), 1:1 Stein (60.)

Zuschauer: 45.000 - 50.000

Schiedsrichter: Huber/Schweiz

Wien: Szanwald, Windisch, Hasenkopf, Oslansky, Büllwatsch, Barschandt, Novy, Knoll, Hof, Hamerl, Skerlan – Trainer Hans Pesser

Eintracht: Loy, Schymik, Höfer, Weilbächer, Kreß, Eigenbrodt, Stinka, Lindner, Stein, Pfaff, Meier – Trainer Paul Oßwald

Die Frankfurter reisten im Zweite-Klasse-Schlafwagen per Nachtzug an und logierten im Hotel Kummer in der Mariahilferstraße. Am Dienstagmorgen gab es eine Stadtrundfahrt, gefolgt von einem Abstecher auf den Kahlenberg, der wenig einbrachte, lag doch Wien vom Nebel umhüllt. Die Stimmung war recht gut. Scheinbar naiv wurde der Fremdenführer von Weilbacher gefragt, ob der zuvor überquerte, zwei Meter breite Rinnsal die Donau gewesen wäre. Die erhitzte Reaktion des Fremdenführers mündete in breitem Gelächter der Mannschaft.

Am Nachmittag des Spieltags trafen einige hundert Anhänger ein, die dann mit ihren schwarz-weißen Fahnen in kleinen Gruppen durch die Straßen der österreichischen Hauptstadt liefen. Die Wiener Zeitungen, von denen der Kurier positiv anmerkte, dass selten zuvor einen deutschen Verein so viele Schlachtenbummler aus der Heimat gefolgt wären, erhoben den Wiener SC zum Favoriten – die Eintracht würde mit etlichen Treffern hoffnungslos untergehen. Im schlimmsten Fall müssten die Österreicher in ein drittes entscheidendes Spiel. Dem entgegen wurde nach dem Hinspiel noch die Frankfurter Überlegenheit und spielerische Klasse anerkannt. Doch der Vorteil des SC sei, dass alle Spieler fit wären und dass man bei großen Spielen vor heimischen Publikum immer gut abschneiden würde, wobei die anfeuernde Geräuschkulisse den Spielern großen Auftrieb geben und gerade bei Hamerl und Knoll wie Doping wirken würde. Zudem könne man den Deutschen nur mit Technik und Taktik eine Niederlage zuführen – und Juventus Turin hätte man ja auch 7:0 geschlagen. Wichtig wäre, dass in den ersten zwanzig Minuten die Eintracht-Führung aus dem Hinspiel ausgeglichen werden könnte und die Zuschauer hinter einem stehen würden.

Offizielles Programm Wien - Eintracht

Stinka hatte sich nun noch im Kurztraining im (auf eine Kapazität von auf 90.000 Zuschauer gewachsenen) Praterstadion eine Zerrung geholt, wurde allerdings durch Eintrachtarzt Dr. Runzheimer binnen 24 Stunden wieder fit gemacht. Trainer Oßwald tüftelte eine besondere Taktik aus. Man erwartete eigentlich die Umkehrung des ersten Spiels, als sich die Wiener mit einer Mauertaktik eine gute Ausgangsposition erkämpfen wollten. Doch Oßwald wollte angesichts des knappen Vorsprungs keine starre Linie in der Abwehr. Er wollte weder den Sturm vernachlässigen, noch die

Abwehr besonders forcieren. Die Eintracht sollte so beweglich bleiben, dass sie gegebenenfalls noch während des Spiels hätte umschalten können. Der Kicker: „Oßwald staffelte die Halbstürmer tiefer als sonst und bremste den Offensivdrang seiner Außenläufer. Klügster Schachzug aber schien die Order an die Verteidiger, nicht den Mann zu decken, sondern Tuchfühlung zum Stopper (Eigenbrodt) zu halten und erst dann die Flügel anzugreifen, wenn sie auf Strafraumhöhe nach innen drängten. Denn die große Gefahr drohte ja vom internationalen Innentrio der Wiener: Knoll – Hof – Hamerl. Jeder ein perfekter Techniker und durchaus in der Lage, den unmittelbaren Gegner auszuspielen. Für solche Fälle sollten dann die Frankfurter Verteidiger „Feuerwehr" spielen."

Wiener SC - Eintracht Frankfurt: Jubel der Hessen

Das Wiener Publikum begleitete jede Aktion der eigenen Mannschaft mit frenetischem Jubel, erblickte allerdings überrascht eine stürmende Eintracht. In der achten Minute knallte ein Schuss von Erwin Stein an die Latte des Wiener Gehäuses. Kurz darauf konnte der wiedergenesene SC-Torhüter Szanwald gerade noch einen Flachschuss Lindners abwehren. Diese Ereignisse dämpften die zunächst uneingeschränkte Offensive der Österreicher und gaben der Eintracht mehr Platz. Inzwischen goss es in Strömen. Die Wiener bekamen im Mittelfeld die Oberhand und kamen in der 31. Minute durch den zweifellos im Abseits stehenden Hof zum 1:0 – ein Orkan an Beifallsbekundungen hallte von der Tribüne. „Bindet die Helme fester, Kameraden. Nur nicht bange machen lassen", feuerte Alfred Pfaff seine Kollegen an.

Immer stärker wurden die Wiener angefeuert und selbst die harmlosesten Foulspiele der Eintracht durch lange Pfeifkonzerte quittiert, was zwischendurch sogar den schweizerischen Referee Huber beeinflusste, gab es plötzlich für die Wiener Freistöße, denen kein schuldhaftes Vergehen der

Frankfurter voraus ging. Trotzdem fiel er auf vorgetäuschte Stürze der Wiener Stürmer im Strafraum nicht herein. Die Eintracht zeigte die größte kämpferische Leistung der ganzen Europapokalsaison. „Eintracht vor, noch ein Tor!", schallten die Rufe der Frankfurter Anhänger – begleitet durch Kuhglocken und Trompeten – durch das Stadion.

Die Wiener Zuschauer wurden nervös: Nach der Halbzeitpause, in der Mannschaftsarzt Dr. Runzheimer viel zu tun hatte, war die Eintracht wiederum nicht defensiv eingestellt, sondern forcierte erneut die Offensive und kontrollierte mit hochklassigem Fußball das Spiel. Erwin Steins Stunde schlug in der 60. Minute: Eine Abwehr Weilbächers erreichte Kreß und dann Lindner. Dieser schlug einen 25 Meter langen Pass, in den Stein hineinlief – 20 Meter weit. Szanwald zögerte einen Moment zu lange – der Ball saß haargenau zum 1:1. Nun hielt die Eintracht den Ball in den eigenen Reihen und vermied das Risiko, ihn leichtfertig zu verlieren. Besonders hilfreich waren dabei die Übersicht von Alfred Pfaff sowie die Ruhe und Einsatzfreude von Hans Weilbächer und Hermann Höfer. Die Eintracht diktierte gar das Geschehen und setzte zum Endspurt an. Drei Minuten vor dem Ende nahm Meier Maß – wieder klatschte der Ball gegen die Latte. Den Nachschuss wehte Szanwald ab, ein zweiter Nachschuss wurde von der Linie geschlagen. Dank der guten Kondition wurde der Spielstand mühelos über die Zeit gebracht. Mit dem Schlusspfiff erhielt die Eintracht doch noch Applaus von den Wienern Zuschauern. Die Krise war beendet.

Menu

anläßlich des

EUROPA-CUP-SPIELES

Wiener Sport-Club
Österreichischer Fußballmeister 1958/59

Frankfurter Sportgemeinde
„Eintracht" (F.F.V.) e. V.
Deutscher Fußballmeister 1958/59

Frankfurt am Main, 3. März 1960

Park-Hotel
Frankfurt am Main · Wiesenhüttenplatz 36-38

Üblich nach der Begegnung: ein Bankett mit beiden Mannschaften (hier nach dem Hinspiel gegen Wien)

Nach dem Spiel wurde in der Kabine spontan „So ein Tag, so wunderschön wie heute ..." angestimmt. Zudem gab es noch ein spätes Bankett mit beiden Mannschaften. Oßwald strahlte. Er lobte, wie sehr man seinen taktischen Vorgaben Folge geleistet habe und wie gut die Kondition gewesen sei. Der „Donau-Kurier" erreichte am Donnerstag kurz vor 18 Uhr wieder Frankfurt. Eintracht-Wimpel wehten auf Bahnsteig 4 des Hauptbahnhofs. Dicht gedrängt standen Hunderte, um jenes Team zu empfangen, welches als erste deutsche Mannschaft das Halbfinale im Meisterpokal erreicht hatte. Die Prämie für die Spieler lag damals bei jeweils 250 Mark.

Schlagzeilen:

- Erwin Stein schoss Eintracht unter die letzten Vier (Abendpost)
- Steins Stunde schlug in der 60. Minute (Kicker)
- Wiener SC komplett – Eintracht ohne Stein (eine Wiener Zeitung am Tag vorm Spiel mit Falschmeldung)

Erlebnisbericht: „So ein Tag, so wunderschön wie heute"

Jupp Schlaf, damaliger Vorsitzender des Deutschen Tischtennis Bundes und Verantwortlicher bei der Eintracht für den Textteil der Eintracht-Hefte, dem seinerzeit offiziellen Mitteilungsblatt des Vereins, schrieb 1960 folgende Zeilen zur Reise nach Wien:

Die Eintracht schlug sich bisher so gut, wie es deutschen Vereinen seit dem fünfjährigen Bestehen dieses größten Pokalwettbewerbs der Welt noch nicht vergönnt war. Durch das ungewöhnliche Unentschieden gegen den Wiener SC im Praterstadion steht die Eintracht in der Vorschlussrunde und wartet hier auf den Sieger der Begegnung Glasgow Rangers und Sparta Rotterdam. Sollte Alfredo di Stefanos Tipp in Erfüllung gehen? Der argentinische Fußballgott in Spanien hat sich nämlich auf eine derartige Vorhersage festgelegt, dass die Endspielpaarung Real Madrid gegen Eintracht lautet. Aber noch sind wir so weit nicht, und noch steht das schwere Vorschlussrundenspiel an. Nach der großen Wiener Leistung unserer Mannschaft scheint eine derartige Prophezeiung durchaus realisierbar. Wenn ich zu Beginn dieses Artikels gesagt habe, dass der Start unserer Mannschaft außergewöhnlich war, so möchte ich das hiermit nochmals unterstreichen. Unsere Mannschaft, die schon zwei Tage vor dem Spiel nach Wien abreiste, wurde von einigen wenigen Schlachtenbummlern begleitet und nahm in dem bestbekannten Hotel Kummer Quartier. Am Tage des Spiels flog dann eine Chartermaschine des Deutschen Flugdienst mit weiteren 40 Begeisterten in Richtung Wien, und an dieser Stelle muss dem Deutschen Luftdienst und der Bordbesatzung für den wunderschönen Flug und die hervorragenden Aufmerksamkeiten herzlichen Dank gesagt werden. Für viele war es der ers-

Fahrt zum Spiel der Eintracht in Wien (Foto: Privatarchiv Jörg/Ulrich Sauerbrey)

te Flug und man kam auf seine Kosten, denn wir hatten 50 Kilometer Sicht. Es war faszinierend schön, auf der einen Seite an den schneebedeckten Alpen vorbei zu fliegen, und auf der anderen Seite breitete sich das sonnenüberflutete Land unter uns aus.

In Wien angekommen war natürlich der erste Weg fast Aller zum Hotel Kummer, um sich nach der Mannschaft zu erkundigen. Dort wurden wir nicht gerade mit den besten Neuigkeiten empfangen. Stinka hatte sich im Training verletzt und sein Einsatz schien fraglich, aber trotzdem herrschte innerhalb der Mannschaft keine Aufregung – ein Grund mehr für die Anhänger, sich beruhigt die schöne Stadt Wien anzusehen ...

Bei einem Bummel durch die Innenstadt wurde die Wiener Oper besichtigt, und mit leisem Wehmut gingen unsere Gedanken nach Frankfurt zurück, unsere Stadt, die so stolz auf den Wiederaufbau ist, könnte sich ein Beispiel an dem Wiederaufbau der Donaustadt nehmen, die zwar nur zwei Hochhäuser – auf die die Wiener außerordentlich stolz sind – aufweist, dafür aber ihre Oper in altem Glanz erstehen ließ. Aber vielleicht erlebt die Frankfurter Oper auch noch einmal bessere Tage.

Nach einem kurzen Abstecher ins Hotel Sacher und weiterer Besichtigungen von Dom, Burgtheater, Hofburg, Parlament und Messepalast wurde es Zeit, langsam zum Stadion aufzubrechen. Fast zur gleichen Zeit wechselte das Wetter. Schwere Regenwolken zogen auf, eine Warnung für besonders Kluge, sich noch rechtzeitig mit Regencapes einzudecken, welche dann auch gute Dienste taten.

In strömendem Regen zogen wir ins Stadion ein und konnten sofort mit Befriedigung feststellen, dass das Flutlicht ausgezeichnet war. Trotz dieses wolkenbruchartigen Regens waren ca. 45.000 bis 50.000 Menschen gekommen. Damit war das Stadion, welches übrigens unserem Olympiastadion in Berlin gleicht, zur Hälfte gefüllt. Ich glaube, die nachfolgenden anderthalb Stunden werden diejenigen, die dabei waren, so leicht nicht vergessen. Im Stadion brodelte es wie in einem Hexenkessel. Und wir waren geradezu neidisch auf dieses Mitgehen der Zuschauer für ihre Mannschaft. Wenn wir da an manche Spiele in Frankfurt denken ... Unsere Mannschaft hat herrlich gekämpft, und das wurde auch nach dem Spiel von allen Wienern objektiv anerkannt. Am Schluss dieses Kampfes war es dann mehr als eine Geste, als unsere Mannschaft zu dem Häuflein unentwegter Frankfurter, die stürmisch ihre Vereinsfahnen schwenkten, hinlief. Dieser Vorfall brachte den Dank unserer Elf für die Treue der Eintracht-Anhänger mehr zum Ausdruck als tausend Worte. Tatsächlich war diese Geste der Mannschaft für alle, die dabei waren, der meistbesprochene Vorgang. An dieser Stelle möchte ich auch die Unbekümmertheit und den Idealismus einiger junger Leute erwähnen, die mit elf Mann in einem VW-Bus nach Wien fuhren und die schöne Stadt nach l7-stündiger Fahrt erreichten.

Was lag näher für Mannschaft und Schlachtenbummler, als das schon traditionelle Eintracht-Lied „So ein Tag, so wunderschön wie heute" anzustimmen?

Am anderen Tag wurde unsere Mannschaft auf dem Frankfurter Hauptbahnhof, obwohl dazu keinerlei Propaganda gemacht wurde, von ca. 3.000 begeisterten Menschen empfangen. Und dann ging es noch einmal hinaus zum Riederwald, wo die Mannschaft noch runde zwei Stunden zusammen saß und wo dann auch immer wieder das Lied „So ein Tag ..." gesungen wurde. Aber dieses Lied wurde fast schon verdrängt von einem anderen, welches vor etwa 30 Jahren schon gesungen wurde: „Es ist kein Verein in Europa, der die Eintracht schlagen kann". So stolz wir auf unsere Leistungen sein können, so vorsichtig muss man jedoch mit diesem Text sein. Interessant aber, dass von den damaligen Spielern heute die Herren Gramlich, Berger und Kübert die führenden Positionen im Verein innehaben und dass wir mit Paul Oßwald auch den gleichen Trainer wie vor 30 Jahren haben.

Belustigend übrigens die Bemerkung Egon Loys auf der Rückfahrt vom Stadion zum Hotel, als das Ergebnis von Glasgow noch nicht bekannt war: „Gegen die Schotten gewinnen wir, denn aus Geiz kommen die sicher nur mit sieben Mann nach Frankfurt." Ich will jedoch hoffen, dass sich dieser Ausspruch nicht bewahrheitet, denn wir haben durchaus eine reelle Chance, gegen die komplette Mannschaft der Glasgow Rangers oder Sparta Rotterdam – wer es auch sein möge – bis ins Endspiel vorzustoßen.

Zum Schluss an dieser Stelle nochmals herzlichen Dank an unsere Mannschaft, die als erstes deutsches Team in die Vorschlussrunde des Europapokals eindrang und ebenfalls unseren Dank an den Wiener SC, der uns ein großer und fairer Gegner war und hoffentlich bald einmal wieder unser Gast in Frankfurt sein wird.

Reals unglaubliche Niederlage

OGC Nizza stand im Viertelfinale Real Madrid gegenüber. Am Abend vor dem Spiel war die Stimmung in der Klubführung Reals schon nicht besonders gut: Etwa 60.000 Mark hatte man im Casino verspielt. Jedoch sorgten Helenio Herrera und Hector Rial am folgenden Tag schon in der 14. und 27. Minute für eine 2:0-Führung der Madrilenen, die ohne Alfredo di Stefano an der Côte d'Azur angetreten waren. Ohne di Stefano, für den Ferenc Puskas das Verteilen der Bälle übernahm, war Real allerdings bereits zu

Beginn der zweiten Hälfte mit dem Latein am Ende: Puskas konnte nicht mehr. Die Franzosen dominierten fortan die Begegnung und kamen durch ihren luxemburgischen Nationalspieler Victor Nuremberg zu drei Treffern in der 53., 68. (Strafstoß) und 83. Minute. Real hatte an diesem Tag nichts mehr entgegen zu setzen. „Unglaublich!“, staunten die spanischen Anhänger.

Doch das Rückspiel, zu dem 90.000 Zuschauer ins Estadio Bernabéu kamen, stand noch aus. Sie erlebten Fußball vom Feinsten. Eine Tätlichkeit des Argentiniers de Bourgoing gegen den Schiedsrichter (Sprung in den Rücken) sorgte für einen Platzverweis auf Seiten der Franzosen. Ein mit dem Vergehen in Verbindung stehender Strafstoß in der 44. Minute wurde jedoch von Puskas vergeben. In all der Aufregung vergaß der Schiedsrichter die Zeit und überzog die erste Halbzeit um neun Minuten. Mit dem zurückgekehrten di Stefano trafen jedoch die Madrilenen viermal ins gegnerische Netz. Pepillos 1:0 in der 21. Minute folgten Francisco Gentos 2:0 (39.), di Stefanos 3:0 (50.) und Puskas' 4:0 (53.).

Blick zur Konkurrenz

Der zweite spanische Verein im Wettbewerb, der FC Barcelona, hatte zunächst Heimrecht gegen die Wolverhampton Wanderers. Diese hatten gegen die Spanier keine Chance und wurden regelrecht überrant. Villaverde (9.), Ladislao Kubala (16.), Evaristo de Macedo (66.) und erneut Villaverde (83.) sorgten bereits vor dem Rückspiel für Klarheit, wer von beiden Klubs das Halbfinale erreichen würde.

Trotz des großen Rückstands aus dem Hinspiel gaben sich die Briten noch nicht auf – wieder wurde sicherheitshalber der Rasen von Molineux angefeuchtet. Doch die Katalanen kamen auch mit den typisch britischen Platzverhältnissen bestens zurecht. Nach 28 Minuten traf Sandor Kocsis zum ersten Mal ins Gehäuse der Wanderers – es sollte sein Tag werden. Zunächst erzielte der Brite Murray sieben Minuten späte noch den Ausgleich, bevor Kocsis der zweite Treffer in der 44. Minute gelang. Doch dann der Schock: Ohnmächtig lag er plötzlich auf dem Platz. Aber er machte weiter, obwohl er sich bei einem Zweikampf einen Arm ausgekugelt hatte. Auswechslungen waren damals noch nicht erlaubt, und in Unterzahl wollte er seinen Klub nicht weiterspielen lassen. Es dauerte nur bis zur 61. Minute, bis Kocsis schon wieder getroffen hatte. Doch beim 1:3 blieb es nicht lange – sein vierter Treffer fiel zwölf Minuten später. Weitere vier Minuten später gelang Mason für die Wanderers noch ein Treffer. Im Gegenzug sorgte Villaverde allerdings wieder für den alten Abstand: 2:5

lautete der Endstand – ein 9:2 für die Katalanen in der Endabrechnung. Die Klasse der Spanier quittierten die britischen Anhänger mit anerkennendem Applaus.

Das vierte Viertelfinale trugen Sparta Rotterdam und die Glasgow Rangers aus. Die Schotten erzielte durch Wilson bereits in der 3. Minute ihren ersten Treffer und legten eine halbe Stunde später durch Baird ein weiteres Mal nach. Spartas de Vries hielt mit zwei Toren dagegen (38./88.) – dazwischen fiel allerdings der dritte schottische Treffer (65.).

Mit dem gewonnenen Auswärtsspiel wähnten sich viele schottischen Zuschauer bereits im Halbfinale – doch es kam ganz anders. Sparta bewies im Rückspiel, dass man auch etwas zu bieten hatte: Ein Tor durch van Ede in der 35. Minute bedeute bereits den Entstand und die Notwendigkeit eines Entscheidungsspiels an neutralem Ort.

Austragungsort dieses dritten Spiels war das Highbury Stadium von Arsenal London. Drei der fünf Tore an diesem Abend sollten Holländer schießen. Im Stadion der Gunners kam Rotterdam nach sechs Minuten in den Genuss der Führung durch Verhoeven. In der 27. Minute traf Wilson zum 1:1, in der 57. Minute Baird zum 2:1. 13 Minuten später passierte dann das Missgeschick: van der Lee traf ins eigene Netz. 20 Minuten blieben nun den Holländern noch, zumindest noch eine Verlängerung zu erzwingen. Tatsächlich verkürzte Bosselaar in der 76. Minute per Strafstoß zum 2:3, doch mehr erreichte man nicht. Glasgow war im Halbfinale.

Interview mit Alfred Pfaff

Alfred Pfaff ist vor vielen Jahren von Frankfurt nach Zittenfelden umgezogen, einer 50 Seelen-Gemeinde im Odenwald, und betreibt dort nach seinen Kneipenjahren in Frankfurt einen Gasthof. Zu den Gegebenheiten der Saison 1960 stellte er sich in folgendem Interview:

Können Sie sich noch genau an die Endrunde um die deutsche Meisterschaft 1959 und die Europapokalspiele 1959/60 erinnern?
Sicher, das ist ganz klar, dass man – wenn man solche Erfolge hat – nichts vergisst.

Ihr erstes Europapokalspiel war aber nicht mit der Eintracht, sondern an der Seite von FSV und OFC-Spielern für die Frankfurter Stadtauswahl im Messecup gegen London. Wie bewerten Sie diesen Wettbewerb im Nachhinein?
Das war ein sehr guter und auch hochrangiger Wettbewerb. Da haben lauter ausgesuchte Spieler in den Stadtmannschaften gespielt. Das erste Spiel war ja in London. Das war eine große Sache. Erstmal, dass man mal im Wembley-Stadion spielen konnte, denn dort durfte ja nicht jeder spielen. Das war für uns schon mal eine große Ehre. Und dann haben wir ja auch ein großes Spiel dort geliefert.

Alfred Pfaff und Gattin nach dem Halbfinal-Rückspiel-Sieg in Glasgow

Wie war der Stellenwert dieses Wettbewerbs damals bei den Zuschauern?
Der Stellenwert war hoch. Überhaupt waren Offenbach, der FSV und die Eintracht drei großartige Mannschaften. Die hatten ja alle ihre Fans gehabt. Wenn wir dann zusammen ge-

 74 ↗

spielt haben, dann hat das ganze Offenbacher und Frankfurter Fußballvolk hinter uns gestanden.

In der Nationalmannschaft unter Sepp Herberger waren Sie auch einmal Spielführer. Fritz Walter hat Ihre Position besetzt. Gab es keine andere Position, die Sie hatten spielen können?
Doch, sicher. Auch der Fritz hätte ja eine andere Position spielen können. Das war halt damals so. Was soll man da jetzt im Nachhinein noch viel sagen. Der Fritz war halt da, und da ging nichts dran vorbei. Obwohl wir auch viel gegeneinander gespielt haben und wir hoch gewonnen haben. Ich kann mich entsinnen, dass wir gegen Kaiserslautern am Riederwald mit 5:2 gewonnen haben. Aber es sollte halt nicht sein. Und ich muss sagen, der Fritz war halt auch dem Sepp Herberger sein „Sohn".

Sie gehörten zum Kader, der 1954 Weltmeister wurde, haben aber nur beim 3:8 gegen Ungarn in der Vorrunde gespielt. Wurde damals, wie manchmal behauptet, mit Absicht nicht die beste Formation aufgestellt?
Ich sage nein, das gibt es nicht. Das sagt man hinterher, weil wir Weltmeister geworden sind. Dass das ein Trick war. Aber das war nicht so.

Hat sich Sepp Herberger damals mit der Aufstellung so vertan?
Ich will nicht sagen vertan. Wir haben nicht schlechter gespielt als im Endspiel. Aber die Ungarn haben unheimlich viel Glück gehabt. Jeder Schuss hat gesessen. Wir waren vielleicht hinten nicht so stark. Aber wir haben ja auch drei Tore geschossen.

Die damalige Zeit mit dem Amateurstatus in Deutschland war eng mit dem Leitsatz „Elf Freunde müsst Ihr sein" verbunden. War das in der Nationalelf und in Frankfurt auch so?
Das kann man schon sagen. Bei der Eintracht sowieso, und bei der Nationalmannschaft, das war auch eine gute Truppe. Da hat es keine Querelen oder Neider gegeben.

Von Ihren damaligen Mannschaftskameraden wird an erster Stelle immer Ihr Name genannt, wenn es um die glorreiche Zeit geht. Sie lassen sich aber scheinbar nicht so gerne hochheben und geben sich immer sehr bescheiden.
Gut, ich war jahrelang der Kapitän. Das wird der Grund sein.

Wie kam es zu dem Namen „Don Alfredo"? Hat das mit Real Madrids Spieler Alfredo di Stefano zu tun, der auch „Don Alfredo" genannt wurde?

Ja. Wir haben ja 1950 schon bei Athletico Madrid gespielt (4:3 wurde dieses Spiel gewonnen, was einen riesigen Prestigegewinn für die Eintracht darstellte, Anmerkung des Autors). Da ist das schon ein bisschen angeklungen. Aber richtig war das dann in Schottland. Deren Direktor John Wilson hat da immer zu mir „Don Alfredo" gesagt und hat mir den Hartmann verpasst, den Koks. So ist das dann halt entstanden.

Ein großes Handicap war damals sicher, dass man nicht auswechseln konnte?
Sicher. Wir sind bis an die Grenze gegangen. Wir mussten ja tagsüber auch noch arbeiten. Das ist nicht wie heute, wo die Spieler ja sonst nichts zu machen haben. Wir haben den ganzen Tag gearbeitet und sind danach zum Training.

Empfanden Sie persönlich die kämpfenden Berner als die unbequemsten Gegner von den vier Gegnern?
Das kann man so sagen.

Das Endspiel in Glasgow...
Das war eine große Sache. Bei uns haben da ja schon drei gute Leute gefehlt. Horvath, Feigenspann und Sztani haben ja nicht mehr gespielt. Wenn man drei Spieler bei den Madrilenen herausgenommen hätte, weiß ich nicht, wie es ausgegangen wäre. Wir haben ja sowieso 1:0 geführt, und wir waren am Drücker. Die meisten Schotten waren ja auf unserer Seite. Dann haben die auf die Schnelle zwei, drei Tore gemacht, was leicht zu verhindern gewesen wäre – da haben wir hinten geschlafen. Dadurch sind wir dann unter die Räder gekommen. Aber das war halt die weltbeste Mannschaft. Das muss man zugeben. Die waren schon gut. Obwohl, wenn wir ein bisschen Glück gehabt hätten oder wenigstens der Horvath hinten drin gestanden hätte, weiß ich nicht, wie das Spiel verlaufen wäre. Aber vom Fußballerischen her waren die schon Weltklasse.

Gab es damals keine normalen Resultate? 3:7, 6:2. 5:3, 6:3; 4:6 ...
Das war nicht so wie heute. Da sind noch Tore gefallen. Das war ein ganz anderes System. Heute wird mehr nach hinten gespielt. Das ist für mich kein schöner Fußball mehr.

Großen Anteil hatte damals die Vielfalt an Kombinationszügen: viele Direktpässe und überraschende Wechsel von langem (Weilbächer) zu kurzem Spiel (Stinka oder Pfaff) – das kann nur bei ausreichender Kondition, ständigem Freilaufen, sicherer Ballführung und dem

Vorausahnen des Standorts der Mitspieler gelingen. Hat das gegen Glasgow mit Glück geklappt, war es einstudiert oder war das einfach ein Tag, an dem alles funktioniert hat?

Das war nicht einstudiert. Wir haben halt Fußball gespielt, wie wir es konnten. Wie wir es immer vorgeführt haben. Da hat sich das Spiel so ergeben.

Alfred Pfaff gegen Reals Vidal

Pässe, die auf den Millimeter genau ankommen … Warum sind Sie Frankfurt geblieben, oder hatten Sie als Star keine Angebote anderer Vereine?

Doch, ich hatte Angebote, aus Spanien, aus Madrid. Ich hatte viele Angebote. Aber es war ja so: ins Ausland hätte ich gehen können, aber innerhalb Deutschlands konnte ich nicht wechseln. Da wäre man 18 Monate gesperrt worden. Das war das System, das es bei uns halt gab. Aber ins Ausland hätte ich gehen können. Es war aber so gewesen: Ich war drei Jahre in Kriegsgefangenschaft. Dann hätte ich gleich 1950 nach Spanien gehen können. Ich musste 1947 erst heimkommen. Da hatte ich dann wirklich keine Lust mehr.

Und später?

Ja, später! Als wir Deutscher Meister geworden sind, war ich fast schon 34 Jahre alt. Da will man dann nicht mehr weit weg. Angebote gab es zwar schon, aber man war mehr heimatverbunden.

Haben Sie das mal bereut?

Nein!

Wo waren Sie in Kriegsgefangenschaft?

Ich war drei Jahre in Le Havre. Dort war ich bei der Feuerwehr eingesetzt. Wir hatten schon ein bisschen mehr Freiheiten als die anderen Gefangenen – die letzten anderthalb Jahre sowieso. Es gab Lagermannschaften, mit denen wir durch Frankreich gefahren sind und in den verschiedenen Städten gegen französische Mannschaften gespielt haben. Das war auch gut organisiert. Wir hatten einen Amerikaner, der das auch unterstützt hat. Der hat dann telefoniert. Was ein bisschen gedauert hat, bis es soweit war, dass man rumfahren konnte. Aber das ist ganz gut gegangen.

Was haben Sie nach Ihrer Fußballkarriere gemacht?
Meine Pension geführt. Bis 1971 hatte ich meine Gaststätte an der Hauptwache. Dann bin ich hierher in die Natur.

Alfred Pfaff mit dem DFB-Wimpel zur Deutschen Meisterschaft 1959 (Foto: Matthias Thoma)

Die 4. Runde – Halbfinale

Die 4. Runde – Halbfinale

- Saisonverlauf (4.1)
- Die Glasgow Rangers
- Bestes Eintracht-Spiel aller Zeiten – Hinspiel gegen die Glasgow Rangers
- Erlebnisbericht: Es war eines der ganz großen Spiele, die man nie vergessen wird
- Saisonverlauf (4.2)
- Wieder sechs! – Rückspiel bei den Glasgow Rangers
- Reals Gipfeltreffen

Vorbereitung in der Sportschule

Saisonverlauf (4.1)

Im ersten Pflichtspiel nach dem Weiterkommen gegen Wien musste die Eintracht im Pokal beim Freiburger FC antreten – mit 3:2 behielten die Hessen die Oberhand. Das Oberligaspiel bei Schweinfurt 05 ging mit 2:4 verloren, und damit auch die Chance auf den Einzug in die Endrunde um die Deutsche Meisterschaft. Vor dem Heimspiel gegen die Glasgow Rangers folgten noch zwei Meisterschaftsspiele zu Hause, die mit einem 4:0 gegen den VfR Mannheim und einem 1:1 gegen die TSG Ulm endeten. Bei letzterem Spiel verletzten sich Stein und Meier leicht – einem Einsatz im Europacup sollte allerdings nichts im Weg stehen. Höfer laborierte jedoch noch an einer Oberschenkelzerrung.

Die Glasgow Rangers

Paul Oßwald hatte den weltbekannten Klub Glasgow Rangers bei seinem Entscheidungsspiel im Viertelfinale gegen Sparta Rotterdam in London beobachtet, Stärken (Sturm) und Schwächen (Abwehr) genau studiert und meinte wohl gelaunt, dass sich die Reise gelohnt hätte. Eine schnelle und schnörkellos spielende Mannschaft, die den geraden Weg zum Tor suche, hätte er gesehen. Allerdings seien die Schotten nicht so hart, wie man sie in Deutschland einschätze. Die Rangers hätten gute Halbstürmer, die vielleicht ein wenig zu handwerksmäßig agieren würden, auf die man allerdings sehr aufpassen müsse.

Im „Kicker" heißt es in anderen Worten: „Die Rangers spielen einen nüchternen, ganz auf Zweckmäßigkeit abgestellten Fußball. Überflüssig, darauf hinzuweisen, dass diese Profis am Ball perfekte Techniker sind, ihre Pässe millimetergenau über 40 oder 50 Meter schlagen und Zweikämpfe mit der ganzen körperlichen Härte britischer Fußballer austragen, ohne dabei die durch die Regeln gezogenen Grenzen sonderlich zu verletzen. Stärkster Mannschaftsteil ist zweifellos der Sturm. Effektvollster Angreifer Rechtsaußen Scott. Ein Verteidiger, der nicht sofort aufpasst, dürfte einiges Lehrgeld zahlen, ehe er auf die Schliche des meisterhaften Dribblers gekommen ist. In blitzschnellem Antritt legt er sich die Bälle vor, spurtet am Verteidiger vorbei bis zur Grundlinie wenige Meter neben dem Tor und flankt dann flach zurück. Seine große Schwäche: Er versucht nur außen am Verteidiger vorbeizukommen, ein Weg, den ihm Höfer eigentlich versperren müsste! Kaum weniger gefährlich ist Linksaußen Wilson, des es allerdings oft zu sehr nach Innen zieht.

Geistiger Lenker des Angriffs ist der Halbrechte McMillan, mit Baird (dem besten Schützen) Auffangstation der weiten Abwehrschläge im Mittelfeld. Gleich, ob zwischen beiden nun Murray (wie in Rotterdam) oder Millar (wie in Glasgow und London) stürmt, beide Mittelstürmer sind wuchtig und besonders Kopfball gewandt. Die Außenläufer Davis und Svenson sind dann am gefährlichsten, wenn sie mit in den Angriff aufrücken können.

Aus der Abwehr standen Torwart Niven und Rechtsverteidiger Caldow ... in der schottischen Elf, die gegen England 1:1 spielte. Niven ist ein kleines Reaktionswunder und ein Meister der Fußabwehr von Schüssen aus kürzester Entfernung. In Schwierigkeiten kommt er leicht, wenn er nach hohen Bällen gemeinsam mit gegnerischen Stürmern springen muß und dabei mitunter schon gefangene Bälle wieder verliert. Hohe Bälle dagegen sind die „Spezialität" von Stopper Patterson. Wird flach gespielt, dann gerät er, 1,85 Meter groß, leicht ins Schwimmen. Gar nicht liebt er Mittelstürmer, die dauernd in Bewegung sind, auf die Flügel ausbrechen oder ihm in die Tiefe des Feldes ausweichen. Überhaupt zeigen sich in der Rangers-Abwehr immer dann sehr leicht Lücken, wenn der Ball flach gehalten wird. Eine schwere, aber nicht unlösbare Aufgabe wartet auf die Eintracht."

Eine ganz andere Einstellung als die Eintracht im Hinblick auf die Gegnererforschung schienen die Briten an den Tag zu legen: Die Fähigkeiten Pfaffs, die Schusskraft Steins und Oßwalds taktische Varianten der vergangenen Spiele schienen ihnen unwichtig oder gar unbekannt zu sein. „Eintracht? Wer ist das? Platz besichtigen? Warum?", hieß es selbstbewusst durch Rangers-Manager Scott Symon. Dieser wollte allerdings in erster Linie ausdrücken, dass man das eigene Spiel spielen wolle statt sich nach dem der Eintracht auszurichten. Der Endspielort Glasgow stand bereits fest, und ein Finale vor heimischer Kulisse wollten sich die Schotten keinesfalls entgehen lassen. Diese Chance wollte man ergreifen und Real – sollte der Club Barcelona aus dem Wettbewerb werfen – besiegen. Für den 30maligen schottischen Fußballmeister war es allerdings die letzte Chance, sich selbst für das folgende Europapokaljahr in diesem Wettbewerb zu qualifizieren – in der schottischen Meisterschaft sah es genauso aussichtslos aus, wie für die Eintracht in der deutschen. Aber auch die Frankfurter Botschafter des deutschen Fußballs, wollten sich den Traum der Finalteilnahme erfüllen.

Bestes Eintracht-Spiel aller Zeiten
– Hinspiel gegen die Glasgow Rangers
13.4.1960, 20.00h Eintr. Frankfurt – Glasgow Rangers 6:1 (1:1)

Tore: 1:0 Stinka (28.), 1:1 Caldow (29./Strafstoß), 2:1 Pfaff (52.), 3:1 Pfaff (55.), 4:1 Lindner (74.), 5:1 Lindner (84.), 6:1 Stein (87.)

Zuschauer: 75.000 - 77.000

Schiedsrichter: Lindberg/Schweden

Eintracht: Loy, Lutz, Höfer, Weilbächer, Eigenbrodt, Stinka, Kreß, Lindner, Stein, Meier, Pfaff – Trainer Paul Oßwald

Glasgow: Niven, Caldow, Little, Baird, Paterson, Murray, Scott, Stevenson, McMillan, Miller, Wilson – Manager Scott Symon

Bes. Vorkommnis: Kreß verschießt in der 8. Minute einen Strafstoß

Erfreulicherweise konnte Paul Oßwald endlich einmal auf alle seiner Spieler zurückgreifen und damit seine Idealbesetzung aufbieten. Eine Woche lang bereitete man sich abseits des großen Trubels in der Landessportschule im Frankfurter Stadtwald vor. Nach der Arbeit kamen die Spieler zusammen und trainierten. Sie durften sich aber auch mit Tischtennisspielen, Lesen oder einem Gang ins Kino ablenken – der Spaß kam nicht zu kurz.

Die Eintracht entschied sich als zuvor zuerst ausgeloster Verein dafür, das Halbfinale gegen die „Königsblauen" mit einem Heim- statt einem Auswärtsspiel zu beginnen. Oßwald meinte, gegen Wien hätte man ja bewiesen, dass die

Offizielles Programm Eintracht - Glasgow

Eintrittskarte Eintracht - Glasgow

Eintracht damit zurecht komme. Für die Riederwälder sollte es wichtig sein, sich vor dem Rückspiel im Hexenkessel des Glasgower Ibrox Parks einen möglichst großen Vorsprung zu erarbeiten. Alfredo di Stefano hatte auf ein Weiterkommen der Eintracht ins Finale getippt. Zugunsten von mehr Sitzplätzen verkleinerte man die Kapazität des Waldstadions, wobei die Eintrittspreise bei 2,50 bis 12 Mark lagen. Die Sitzplätze für das Spiel waren binnen zwei Tagen ausverkauft. Auch reguläre Stehplatzkarten konnte man bald nicht mehr erwerben – der Schwarzmarkt blühte. Die Parkplätze des Waldstadions stießen erstmals in der Geschichte an ihre Kapazitätsgrenzen.

Fußball-Deutschland schaute nach Frankfurt. Vor dem Anpfiff knisterte es im Stadion vor Spannung. Schottische Anhänger waren zu sehen, die mit Schottenmütze, britischer Flagge und Transparenten wie „Rangers forever" über den Platz liefen und ohne Ball so taten, als würden sie am laufenden - Band Tore schießen, während die US-Militärkapelle aufspielte. Man ließ ihnen ihren Spaß.

Die Holzratschen der Rangers-Anhänger begrüßten beide Mannschaften. Endlich wurde der Ball frei gegeben. Die Eintracht begann sehr nervös, brachte kaum einen Ball an den Mann und erlaubte sich in der Abwehr einige Fehler. Alfred Pfaff brachte mit seinen Pässen Ruhe ins Spiel. Zunächst schien es nach einem glücklichen Beginn auszusehen: Der Eintracht wurde ein Strafstoß zugesprochen. Richard Kreß war auf der rechten Seite durchgebrochen und konnte durch Patterson nur noch dadurch gebremst werden, dass er ihm die Füße wegzog. Aber ausgerechnet die Frage, wer den Strafstoß verwandeln sollte, wurde in der Vorbereitung nicht geklärt. Nachdem niemand auf den bereits auf dem Elfmeterpunkt wartenden Ball zuging, opferte sich schließlich Kreß, der im Training noch alle zehn Test-

Seite 85: Alfred Pfaff bei der Wimpelübergabe an den Kapitän der Glasgow Rangers, Eric Caldow

schüsse versenkt hatte. Aber die Nerven versagten – der Schuss ging am Tor vorbei. Zum Trost klopften ihm jedoch seinen Kameraden auf die Schulter.

Die Schotten traten viel selbstbewusster auf und präsentierten bessere Spielzüge als die Deutschen. Die Moral der Eintracht war durch den vergebenen Elfmeter zwar allerdings keinesfalls gebrochen, aber kurz darauf musste Loy zweimal gegen Scott und Wilson retten und Höfer einen Schuss von Scott von der Torlinie kratzen. Nach zwanzig Minuten hatte sich die Aufregung etwas gelegt. Die Eintracht hatte sich auf die gegnerischen Angriffe besser eingestellt und konnte das Spiel ausgeglichen halten. Man stürmte jetzt sogar mit immer wieder neuen Zügen in die Hälfte der Schotten. Pfaff trumpfte mit brillanten, kurzen und langen Pässen, Dribblings und vielen Tricks auf (Kicker: „Eleganz eines Ballettmeisters"). Auch die sich gut ergänzenden Außenläufer Stinka und Weilbächer liefen zur Hochform auf. Höfer platzierte seine Abschläge so gut wie möglich, während Eigenbrodt die Sturmpläne seines Kontrahenten Murrays voraussah.

In der 28. Minute fiel das erste Tor des Tages: Dieter Lindner hatte sich den Ball erkämpft und spielte zum aufgerückten Stinka. Der Ball kam zurück, während Stinka halbrechts zur Strafraumgrenze vorstieß. Wieder wurde zu Stinka gepasst, der gleich aus der Drehung hart schoss … Tor!

Doch die Freude währte nicht lange: Kurz nach dem Anstoß der Rangers drang McMillan mit dem Ball am Fuß in den Strafraum der Eintracht ein. Auf dem Weg zum Fünfmeterraum ließ Weilbächer ihn über den Oberschenkel zu Fall kommen. Schiedsrichter Lindberg zögerte keinen Augenblick und entschied auf Strafstoß. Nationalspieler Eddie Caldow verwandelte sicher zum 1:1.

In der letzten Viertelstunde wirbelte die Eintracht noch einmal den schottischen Strafraum durcheinander. Doch Glasgows Torhüter Niven wehrte alle Schüsse von Lindner, Pfaff, Meier und Kreß ab. Durch Grosstaten lenkte er die Bälle über die Querlatte und holte sogar Steins flachen Gewaltschuss aus der Ecke. Die Verteidigung der Rangers war rücksichtslos. Als Stevenson den schnellen Kreß ohne Ball im Rücken des Schiedsrichters foulte, gellte ein Pfeifkonzert durch das Stadion. Dann war Halbzeit.

Nachdem die Mannschaften aus der Kabine gekommen waren, begannen die Schotten sehr offensiv. Scott startete durch und kam frei zum Schuss. Loy – zu weit vor dem Tor stehend – hatte aber Glück. Die Querlatte verhinderte eine schottische Führung. Der zurückprallende Ball wurde von Murray per Kopf erneut in Richtung Eintracht-Tor gedrückt. Doch diesmal

4:1 durch den jubelnd hochspringenden Lindner in der 74. Minute

rettete Loy selbst mit einem Sprung den gefährlich ins kurze Eck fliegenden Ball.

Wieder rückte Alfred Pfaff in den Mittelpunkt. Die Szenen vor dem schottischen Strafraum hatten sich inzwischen wieder gehäuft, als Erwin Stein in der 52. Minute zum Schuss kam. Niven, der Stein entgegenkam, konnte den Ball nur abwehren. Leicht zurückhängend nahm Pfaff den Ball auf und schob ihn mit dem linken Fuß flach ins linke Eck. Der Deutsche Meister führte 2:1.

Nur drei Minuten später wurde Stein 20 Meter vor dem Rangers-Tor gefoult. Freistoßspezialist Pfaff führte aus und zirkelte den Ball mit einem Bogenschuss um die schottische Mauer herum und flach neben dem Pfosten ins Netz. 3:1! Die Frankfurter Zuschauer lagen sich in den Armen. Raketen stiegen in den Himmel. In der Gastwirtschaft Alfred Pfaffs an der Hauptwache gab es in den folgenden Tagen kaum noch einen freien Platz. „Das kann man weder lernen noch trainieren. Man muss sehen, wie die Mauer steht, wie der Ball liegt, wie der Wind geht.", antwortete Alfred Pfaff den an der Theke drängelnden Fans auf die Frage, wie man so einen Kunststoß vollbringen könne. „Und dann schneide ich den Ball natürlich an. Ich gebe ihm Effet. Aber machen Sie nicht so viel Theater drum, die anderen schießen auch Tore."

Immer wieder ergaben sich in der Folge Möglichkeiten für die Eintracht, zu weiteren Toren zu kommen. Mit sieben Mann stürmten die Hessen. Dabei waren die Schotten gar nicht schlecht. Immer wieder befürchtete man auf der Tribüne, dass die Schotten noch mit einem Endspurt kommen würden. Glasgow startete auch immer wieder schnelle, gefährliche

Entlastungsangriffe. Tatsächlich musste sich Loy wieder strecken, um einen Schuss von Murray aus der langen Ecke zu holen.

In der 74. Minute trat Weilbächer einen Freistoß in den Strafraum der Rangers. Lindner stieg in die Höhe und beförderte den Ball mit einem Kopfstoss in die Maschen. Das 4:1 beantwortete die Tribüne mit dem Zünden neuer Böller und Feuerwerksraketen. Der Beifall steigerte sich in einen Orkan.

Nun ging den konditionsstarken Profis aus Glasgow die Luft aus. Und die Eintracht nutzt das eiskalt aus. Sechs Minuten vor dem Ende nahm Lindner einen Pass von Pfaff auf und schob ihn an Niven vorbei ins Netz. Völlig geknickt sah man den Rangers-Torhüter am Boden knien und seinen Kopf schütteln. Er wollte nicht wahrhaben, was hier passierte.

Als Erwin Stein sich einen Abschlag von Loy holte, waren nur noch drei Minuten zu spielen. Er ließ sich auf dem Weg zum gegnerischen Tor den Ball nicht mehr vom energisch nachsetzenden Patterson abnehmen, schoss flach am herausstürzenden Niven vorbei und markierte damit auch sein Tor. Der Endstand lautete 6:1.

Wie im Rausch hatte die Eintracht in der zweiten Hälfte gespielt – unvergesslich für alle, die live dabei waren. Die britischen Journalisten versuchten, an den Telefonen der Pressetribüne ihre Redaktionen in Schottland und England zu erreichen und ihnen das Geschehene zu übermitteln. Die Szenen waren für die Frankfurter Seite ein Genuss: „5:1, Yes! No! Not for the Rangers. Eintracht 5 – Rangers 1 … oh no! Eintracht 6 – Rangers 1!", war von einer Seite zu hören. Ein anderer Reporter kauerte tief auf dem Boden, den Hörer in seiner schweißnassen Hand: „6:1, 6:1" wiederholte er immer wieder und stöhnte immer wieder gequält: „no, no, no, for the Eintracht!". Ein Dritter wiederum schrie gegen den tosenden Lärm, um sich verständlich zu machen: „One – two – three – four – five – six! Yes – six! For the Germans!"

Auf der Tribüne dachten die Zuschauer gar nicht daran, den Heimweg anzutreten. Während die Spieler in der Kabine wieder „So ein Tag, so wunderschön wie heute" anstimmten, beschrieben die Leute noch einmal erregt die gerade erlebten Geschehnisse und diskutierten sie. Selbst Real Madrids „Spion" Emilio Östreicher meinte, er hätte im Waldstadion das bisher beste Europapokalspiel der Saison gesehen. Die zweite Halbzeit wäre das Modernste, was man an Fußball spielen könne, gewesen. Die Eintracht wäre eine überragende Mannschaft, die sehr schnell die Schwächen des

Gegners erkenne und ihr eigenes Spiel darauf einstellen würde. Dem eigentlich lobkargen Sepp Herberger entfuhr ein „Nicht nur schön, sondern auch gut." Paul Oßwald stapelte wirklich tief: „Ich war mit meiner Mannschaft und mit jedem einzelnen Spieler hundertprozentig zufrieden." Glasgows Nationalspieler Sam Baird bedauerte, schon nach dem Hinspiel keine Chance mehr zu haben, im Rückspiel noch etwas auszurichten. „Aber es ist gewiss keine Schande, von einer Elf in einer derart glänzenden Form geschlagen zu werden. So einen Sturmwirbel haben wir uns schon lange nicht mehr – wenn überhaupt jemals – gegenübergesehen.", erklärte er. Rangers-Manager Simon – zurück in der Realität – lächelte am Ende ein wenig wehmütig: „Eine so meisterliche Leistung hätten wir der Eintracht – bei allem Respekt – nicht zugetraut." Und selbst das Schiedsrichtergespann meldete sich zu Wort: „Wir haben zusammen noch nie ein Spiel von solchem Tempo geleitet.", meinte Referee Lindberg.

Der Eintracht blieb ein Reingewinn von 170.000 Mark. Viel mehr zählte aber, dass man sich mit diesem Spiel und der faszinierenden, überzeugenden Spielweise in das Herz und die Geschichte Fußball-Europas gespielt hatte.

Und doch findet sich zu diesem Spiel etwas Unerfreuliches: Der Kicker schwelgte: „Und wie fein, dass heute solche Fußball-Schauspiele auch der späteren Generation durch einen Film erhalten bleiben." In diesem Zusammenhang ist es unfassbar, dass die Fernsehaufzeichnung dieses Spiels durch den Hessischen Rundfunks schon vor langer Zeit in den Schredder wanderte – lediglich die Passagen mit den Toren sind noch erhalten geblieben.

Schlagzeilen:

- Fußball-Sensation in Frankfurt (Frankfurter Neue Presse)
- Eintracht fährt zweimal nach Glasgow – eine solche Eintracht schlüge auch die Spanier (Kicker)
- Nie spielte Eintracht besser! (Kicker)
- So ein Tag, so wunderschön wie heute … (Der Neue Sport)
- Das Größte, was je zwei Vereinsmannschaften auf Frankfurter Boden geboten haben (Der Neue Sport)
- Neuer Kredit für den deutschen Fußballsport (Frankfurter Allgemeine Zeitung)
- Kein Superlativ reicht aus (Frankfurter Rundschau)
- Von kämpfenden Tigern zerfleischt (Daily Herald)

- Schwärzeste Nacht in der Geschichte der Rangers (Daily Mail und News Chronicle)
- Frankfurt zerschmetterte Glasgow und wird ein furchtbarer Europapokal-Finalist für einen der beiden spanischen Klubs (L'Equipe)

Erlebnisbericht:
„Es war eines der ganz großen Spiele, die man nie vergessen wird"

Ein fußballbegeisterter Frankfurter schrieb am Tag nach dem Spiel einem in Wien wohnenden Freund über das Ereignis. Aus der Donaustadt wurde dieser Brief an die Eintracht nach Frankfurt zurückgeschickt. Nachfolgend nun der ungekürzte Bericht:

Lieber Franz!
Nach der gestrigen Nachtschlacht, die ich für diesen Brief unbedingt abwarten wollte, habe ich mich heute Morgen nach einem Tiefschlaf ins Cafe an der Ecke gesetzt, um Dir Bericht zu erstatten. Du kennst meine Nervosität „uffm Platz", aber mit dem Abstand einer Nacht will ich ganz objektiv sein. Die 800 Kilometer lange Reise, die Du hättest machen müssen, wäre nicht umsonst gewesen. Es war eines der ganz großen Spiele, die man nie vergessen wird. Eines ist sicher: dass ich nämlich noch niemals nach einem Spiel so fertig war, als ob ich als Verteidiger, Läufer oder Stürmer selbst mitgemischt hätte. Mit seiner Bedeutung und seinem phantastischen Rahmen übertraf es noch das Endspiel in Berlin.
Das herrliche Waldstadion an einem warmen Frühlingsabend zum Überlaufen voll. Das Tribünengebäude lag wie ein Ozeandampfer vor dem Auslaufen im festlichen Licht. Die riesigen Lichtmasten machten das Stadion zugleich zu einem gewaltigen Festsaal, den 80.000 Menschen mit Stimmung und eine Ami-Kapelle mit flotter Musik füllten. Die Eintracht Reserve eröffnete zunächst mit einem guten Spiel (Schämer dabei sehr gut!) und schoss sechs feine Tore. Eine Viertelstunde vor Spielbeginn – das Vorspiel war aus – kochte dann das Stadion wie ein Kessel Wäsche oder besser noch wie der Krater eines Vulkans. Rauchschwaden, Raketen, Leuchtkugeln, bengalisches Feuer, wogende Massen und schließlich der große Ausbruch der Stimmenorkane machten die Illusion fast zur gespenstischen Wirklichkeit – ein surrealistisches Bild. Der Lautsprecher sprach von kleinen Waldbränden und beschwor zahlreiche Menschen, die in die Lichtmasten gestiegen waren, wegen Lebensgefahr herunterzukommen. Vergeblich. Nun stiegen noch mehr gen Himmel. In dieser

Niven will es nicht wahrhaben: Wieder ein Tor für die Eintracht: 5:1

Viertelstunde führten an die hundert Schotten in Uniform und Zivil in fast südländischer Manier Tänze mit Fahnen und Transparenten vor, dass man an den Fasching erinnert wurde. Immer wieder umkreisten sie jubelnd und tanzend die Laufbahn und stürmten die Tore – ohne Ball allerdings. Allgemeine Heiterkeit, als der Fahnenträger von den Schultern purzelte.

Dann endlich war es soweit. Das Einlaufen der Mannschaften beendet die Spannung, die man innerlich all die Tage und Wochen vorher angesammelt hat. Die Gedanken, die abends vor dem Einschlafen und morgens beim Aufwachen immer um das Spiel kreisten, haben jetzt endlich den festen Punkt – nämlich die Eintracht-Mannschaft, die den prächtigen Rasen wie eine riesige Bühne betritt. Dutzende von Reportern, Konterfeien, Kapitäne und Schiedsrichter bei der Platzwahl. Die schottischen Schlachtenbummler beziehen Stellung

hinter dem Eintrachttor, so als wäre es das Selbstverständlichste von der Welt, dass dort die Entscheidung fällt. Die Ouvertüre war vorbei, jetzt wurde es ernst.
Die ersten paar Minuten schienen die Rangers zu regieren. Einige technischen Tricks waren sehenswert. Prächtig, wie sich die Außen einsetzten, schneller Antritt von der Außenlinie in direktem Zug aufs Tor, schossen dann selbst oder gaben zum Elfmeter-Punkt zurück, von wo auch prompt zwei Schüsse aufs Eintrachttor zischten. Aber dann wusste man Bescheid – bei Höfer gab's keinen Stich zu holen, während Lutz mit Scott zunächst noch einige Mühe hatte, der in seiner Art ein wenig Richard Kreß ähnelt, ohne ihn allerdings an Wirkung zu erreichen. Sehr bald schon begann sich die Eintracht durchzusetzen – und das mit einem Fußballzauber gegen einen cleveren Gegner, der trocken, hart und moralisch unerschütterlich spielte. Technisch gekonnt – es will schon was heißen, wenn die Eintracht diesem Gegner langsam aber sicher das Heft aus der Hand wand. Die Schotten konterten eiskalt, und Loy musste wie sein Gegenüber Niven wahre Pantersprünge zeigen, um Einschläge zu verhüten. Niven wehrte eine 15-Meter-Bombe mit der Faust ab und musste prompt behandelt werden. Was dieser Mann an Schwerstarbeit geleistet hat, das verdient Bewunderung und Bedauern zugleich. Mehrmals musste sein Verteidiger auf der Linie aushelfen. Schon bei der Halbzeit hätte Eintracht führen müssen und das nicht nur wegen des verschossenen Elfmeters, den Richard Kreß zwar mit genügend Nervenstärke aber mit wenig Geschick prompt daneben schoss. Als die Experten kniffen, bewies Richard Mut und fasste sich dann verzweifelt an den Kopf! Sehr fatal! Es gibt Elfmeter, bei deren Verschießen auch der Zuschauer spürt: Das kommt nicht wieder! Jetzt kommt Sand ins Getriebe. Merkwürdig – wohl niemand hatte das Gefühl, dass eine nie wiederkehrende Gelegenheit verpasst war. Zu sicher lief das Spiel der Eintracht an diesem Tage. Niemand hätte sich gewundert, wenn die Eintracht bei Halbzeit 3:1 geführt hätte.
Der prächtige, faire Stinka verwandelte eine im Direktspiel sauber herausgearbeitete Vorlage und sorgte für das erste Tor des Tages. Ein harter Einsatz gerade im Strafraum, so eben an der Grenze zum Foulspiel, reichte zum Elfmeter für die Schotten. Es war ein ähnliches Vergehen wie das an Kreß, aber der Richard war im Alleingang, aussichtsreich – niemand sonst im Strafraum. Die Schotten dagegen waren kaum um eine aussichtsreiche Chance gebracht worden. Es war

Ansichtsache, aber der ausgezeichnete Referee schien mit dem englischen Fußball sehr vertraut. Für meinen Geschmack ließ er „gestrecktes Bein" zu oft durchgehen. Die Schotten waren hart aber fairer als die Wiener, natürlich auch weit besser. Warum die Wiener in Frankfurt nicht 6:1 verloren haben? Erstens hatten sie mehr Glück und zweitens hatte Alfreds Spiellaune damals einen Knacks bekommen. Gestern aber beflügelte ihn sein einmaliger, phantastischer Strafstoß zum 3:1 etwa 15 Minuten nach der Halbzeit. Er spielte mit einem Einfallsreichtum und mit Tricks am laufenden Band, dass die Schotten für zehn Minuten nach Strich und Faden ins Schwimmen gerieten, ohne dass sie aber hilflos wirkten. Eine gewisse Ruhe strahlten sie immer aus, auch wenn Viere am Boden lagen und der Ball im Netz zappelte. Von jenem Strafstoß wird man noch lange sprechen. Für Alfred scheint es manchmal einfacher zu sein, den Ball aus 18 oder 20 Metern um oder über die Mauer von acht Spielern ins Tor zu bringen als vom Elfmeterpunkt aus, wenn niemand als der arme Torwart stören kann. Diesmal hatte der Kapitän der Schotten seine Mauer noch von Schusspunkt aus anvisiert. Es gab keine Lücke. Alfred leistete eine fast wissenschaftliche Arbeit und drehte den Ball mit Effet um die Mauer. Wer von Zufall spricht, hat Alfreds zahlreiche Traumschüsse aus ähnlichen Situationen noch nicht gesehen! Ein weiteres Tor fiel nach einer Kanonade, als vier oder fünf Bombenschüsse aus allen Ecken des schottischen Tores geschlagen oder geköpft wurden, bis schließlich wiederum Alfred Pfaff klug einknallte.

Minutenlang ging es ähnlich weiter: Angriffe, Ecken, Freistöße, und dabei gelang Dieter Lindner ein verdientes Kopfballtor. Der Zuschauerkrater hatte seinen größten Ausbruch! Unsere Mannschaft spielte wie die Götter und es gelang plötzlich alles. Fliegende Kombinationen brandeten aufs schottische Tor, wobei die königlichen Schotten mit fliegenden Fahnen untergingen. Ihre Schlachtenbummler hatten zu diesem Zeitpunkt offenbar schon die Flucht ergriffen: vom Erdboden verschluckt, vom Krater ausgespieen, in die Wälder geflüchtet – den Schrecken im Nacken! Aber noch leistet die schottische Mannschaft verbissen Widerstand. Sie konnten für kurze Zeit ein verteiltes Spiel erzwingen und sogar gefährlich durchbrechen. Aber Loy war nicht mehr zu schlagen, wobei ihm einmal die Latte half. Dann kam wieder die Eintracht. Einsatzfreudig, schneller am Ball und mit Direktspiel. Und wieder schlug es ein – Lindner! Die

Zuschauerkehlen waren schon matter als die Lungen der entfesselten Eintracht-Mannschaft. Dann bekam Erwin Stein wie damals in Wien eine weite Vorlage, schüttelte den Mittelläufer ab, umspielte auch den Torwart, der ihm entgegenlief, und schoss aus spitzen Winkel hart bedrängt zum 6:1 ein! Gefasst ertrugen die Schotten das Todesurteil.
Mit dem Schlusspfiff kam die Erlösung für die tapferen Rangers und zugleich die Bestätigung eines Eintracht-Triumphes ohnegleichen. Wie ein Bienenschwarm im Aufbruch bewegte es sich im Stadion, Massen liefen auf das Spielfeld, und unter den Klängen des Eintracht-Liedes verließ ein glücklicher, menschlicher Ameisenhaufen mit Raketen und Fahnen die Stätte des großen, unvergesslichen Spiels. Den spanischen Spionen war die Reise sicher aufschlussreich. Sie werden nicht schlecht gestaunt haben. Und diesmal musste auch Sepp Herberger nur Positives zu berichten. Es wäre kaum zu fassen, wenn er niemanden gesehen hätte, der reif für die Nationalmannschaft ist. Vielleicht schickt er gar die komplette Eintracht nach Chile!
In diesem Sinne herzliche Grüße,
Dein Freund Heinz

Saisonverlauf (4.2)

Das Auswärtsspiel bei Viktoria Aschaffenburg hatte gleich acht Tore, vier auf jeder Seite. Gegen den SSV Reutlingen – ebenfalls auswärts – gab es zum Abschluss der Oberligasaison noch einen 3:2 Sieg. Damit beendete die Eintracht die Meisterschaftssaison trotz der Mehrbelastung durch Europapokal und Süddeutschen Pokal mit 37:23 Punkten noch achtbar als Dritter, acht Punkte hinter Meister Karlsruhe und zwei Punkte hinter dem Zweiten aus Offenbach.

Wieder Sechs! – Rückspiel bei den Glasgow Rangers

5.5.1960, 19.30h	**Glasgow Rangers – Eintracht Frankfurt 3:6 (1:3)**
Tore:	0:1 Lindner (8.), 1:1 McMillan (12.), 1:2 Pfaff (20.), 1:3 Kreß (27.), 2:3 McMillan (53.), 2:4 Meier (67.), 2:5 Meier (69.), 3:5 Wilson (73.), 3:6 Pfaff (88.)
Zuschauer:	69.000 - 75.000
Schiedsrichter:	Lööw/Schweden

Glasgow: Niven, Caldow, Little, Davis, Paterson, Stevenson, Scott, McMillan, Miller, Wilson, Baird – Manager Scott Symon

Eintracht: Loy, Lutz, Weilbächer, Höfer, Eigenbrodt, Stinka, Kreß, Lindner, Stein, Pfaff, Meier – Trainer Paul Oßwald

Ein schottischer Sieg im Rückspiel im Ibrox Park mit fünf Toren Unterschied, der ein Entscheidungsspiel auf neutralem Platz bedeutet hätte, oder ein noch höherer Sieg schien nach dem Hinspiel eher unwahrscheinlich – wurde jedoch in der schottischen Presse vehement von den Rangers als Wunder gefordert. Das Können der Eintracht sollte ausreichen, um den Vorsprung zu verteidigen. Entsprechend standen die Wetten gegen die Schotten bei 10:1. Die Eintracht wollte zeigen, dass der phänomenale Hinspielerfolg kein Zufall gewesen war. Wieder bereitete man sich in der Landessportschule vor.

Für Frankfurter Anhänger organisierte die Geschäftsstelle einen Flugdienst nach Glasgow – mit 280 Mark für einen Eintagestrip bzw. 380 Mark für einen Zweitagestrip inklusive Verpflegung, Unterkunft und Transfers (aber ohne Eintrittskarte) war man dabei. Bahnreisende konnten die Hin- und Rückfahrt für 216,70 Mark buchen, waren aber auch entsprechend länger unterwegs.

Offizielles Programm Glasgow - Eintracht

Mit 15 Spielern startete die Eintracht-Delegation dienstags mit einer Boeing 707 in Frankfurt in Richtung London. Nach 70 Minuten Flug musste in zwei planmäßige, viermotorige Viscounts mit Turbo-Prop-Antrieb umgestiegen werden. Die Passkontrolle wurde ein erstes Hindernis, hatten doch zwei Spieler keine Pässe dabei! Eine Betreuerin von einer Fluggesellschaft und das Zauberwort „Fußball" halfen in diesem Fall weiter. Nach der Landung in Glasgow soll lediglich Friedel Lutz blass gewirkt haben. Empfangen wurde der Eintracht-Tross von Rangers-Direktor John Wilson, dessen Koks (im Deutschen auch als „Melone" bekannt) kurz darauf von Alfred Pfaff aufgesetzt werden musste. Auf dieses Motiv hatten die Fotografen gewartet. (Bis heute wird Alfred Pfaff immer wieder mit dieser Kopfbedeckung in Verbindung gebracht.) Es waren noch 50 Kilometer per Bus in den Seeort Largs am Forth of Clyde zu fahren, wo die Räumlichkeiten des Ivanhoe-Hotels inspiziert wurden. Hier fühlten sich die Riederwälder wohl.

Während in Glasgow am Mittwoch der Regen über die rußgeschwärzten, verwitterten Fassaden der Industriestadt rann und ein düsteres Bild bot, atmeten die Spieler im idyllisch gelegenen Ausflugsort mit den saftigen Wiesen die mit Seesalz gewürzte Luft. Nach dem Ausschlafen folgte ein Spaziergang. Sofort waren die Spieler von Jungen umgeben, die um Autogramme baten. Ein Kicker-Redakteur berichtete damals, wie hoch die Unterschrift von Torwart Loy im Kurs stand: „Der kleine sommersprossige Rotschopf weint fast, als er erfährt, dass er den Loy nicht hat. Dafür habe er aber den Pfaff, trösten wir ihn. Der sei noch berühmter. Er strahlt plötzlich, weil sein Freund zwar den Loy, dafür aber den Pfaff nicht hat." Rechtzeitig zum Abend schlossen sich die Schleusen, und das Team konnte nach einem halbstündigen Training im Ibrox Park noch trockenen Fußes das Länderspiel zwischen Schottland und Polen im Hampden Park, dem Eigentum des Amateurvereins Queens Park Rangers, besuchen. Donnerstag. Nach Frühstück, Spaziergang, leichtem Mittagessen und etwas Bettruhe verließ die Eintracht Largs in Richtung Glasgow. Eintrachts Spielausschussvorsitzender Ernst Berger erwartete im Ibrox Park einen ganz anders auftretenden Gegner als beim Hinspiel. Paul Oßwalds Ziel war, dass seine Männer ein frühes Tor erzielen sollten. Dann könne nichts mehr passieren. Er war erleichtert, keine verletzten Spieler zu haben und somit wieder aus dem Vollen schöpfen zu können.

Der Ibrox Park war am Abend lediglich zu Dreiviertel gefüllt. Trotzdem kamen an die 75.000 Zuschauer, die ihre Mannschaft aus vollen Kehlen anfeuerten. Stinka meinte später, dass er so etwas zuvor noch nie gehört habe. Erst wenige Angriffe waren vor Nivens Tor gekommen, als Lindner in der

Rückspiel im Ibrox Park: Nach einem Foulspiel an Kress verwandelt Pfaff den fälligen Freistoss zum 2:1 für die Eintracht

8. Spielminute im Mittelfeld den Ball erhielt. Er stieß durch einen 30-Meter-Sprint bis etwa 20 Meter vor das Tor, von wo er einen strammen Schuss hoch ins linke Eck zum 1:0 abgab. Oßwalds Wunsch erfüllte sich. Die Rangers hatten aus dem ersten Spiel nicht viel gelernt. Sie zeigten das gleiche starre Spiel ohne Platzwechsel. Pfaff und Stein wurden relativ wenig gedeckt, obwohl mit Davis extra ein Spieler mit der Bewachung Pfaffs beauftragt war.

Doch ähnlich wie in Frankfurt dauerte es nur einen kurzen Moment – vier Minuten – bis die Schotten zum Ausgleich kamen. Egon Loy konnte zunächst noch einen wegen Handspiels gegebenen Freistoß wegfausten, doch den Nachschuss von McMillan im Gedränge erreichte auch der auf der Linie stehende Eigenbrodt nicht mehr. Er schlug daneben. 1:1. Ein vermeidbarer Gegentreffer.

Ein durch Pfaff schnell ausgeführter Freistoß 18 Meter vor dem Tor brachte in der 20. Minute die erneute Wende. Die Schotten hatten ihre

Mauer noch nicht fertig gestellt, als der Ball bereits auf eine Lücke hinzu flog und dann leicht abgefälscht wurde. Hilflos saß Niven am Boden und hörte den Jubel des Frankfurter Anhangs bereits, bevor der Ball die Linie überschritten hatte. Das schottische Selbstvertrauen war dahin.

In der Folge hatte die Eintracht zahlreiche Torchancen, doch nur eine konnte sie noch bis zur Halbzeitpause verwerten. Stein haderte nach dem Halbzeitpfiff mit seiner vergebenen Möglichkeit; hätte er doch den Ball angehoben, statt direkt zu schießen. Ein mustergültiger Angriff über Stinka, Stein und Pfaff wurde von Niven abgewehrt, jedoch von Richard Kreß im Nachschuss noch erfolgreich abgeschlossen. Die Eintracht führte 3:1.

Frankfurter Schlachtenbummler in der Halbzeit im Ibrox Park

Nach der Halbzeit, in der Frankfurter Schlachtenbummler ein Transparent mit der Aufschrift „Frankfurt grüßt Glasgow" um die Laufbahn trugen und dafür unfreundliche Pfiffe des schottischen Publikums hinnehmen mussten, tat sich zunächst nichts Aufregendes. Meier hatte die Chance zum 4:1, doch er traf den Ball nicht richtig und schoss am Tor vorbei. Dafür konnten sich noch einmal die Schotten in Szene setzen: McMillan war es, der in der 53. Minute eine Chance aus 20 Metern Entfernung hatte. Der Prachtschuss des Halbrechten landete genau unter der Querlatte. Für aufkeimende Hoffnung war es allerdings längst zu spät. 3:9 lagen die Schotten in der Addition der Spiele zurück.

Neun Minuten später täuschte Pfaff den Gegner, indem eine Flanke von Stein passieren ließ, die Meier aufnehmen und einnetzen konnte. Der alte Torabstand war wieder hergestellt und sollte gar zwei weitere Minuten später – wiederum durch Meier – noch zum 2:5 erhöht werden. Fast von der gleichen Position erzielte der Linksaußen den Treffer, diesmal nach einer Flanke von Kreß und unter Hilfestellung von Glasgows Patterson, der den Ball abfälschte, weshalb er auch zum Teil in den Statistiken als Eigentor geführt wird. Längst gab es durch das schottische Publikum nach jedem Eintracht-Treffer anerkennenden Applaus.

Trotz sieben Toren war das erneut große Spiel immer noch nicht beendet. Ein letztes Mal durften die Rangers ran: Millar setzte in der 73. Minute zum Weitschuss an. Wilson irritierte Loy und berührte den Ball noch leicht, bevor dieser zum 3:5 ins Eintracht-Tor rollte.

Zwei Minuten vor dem Ende schlug Loy ab. Lindner nahm den Ball auf, passte direkt zu Pfaff weiter, der das scharf anfliegende Leder direkt kontrollierte, zwei, drei Schritte lief und es dann mit vollem Spann über 20 Meter ins Tor beförderte.

Tor für die Eintracht. Die Autos im Hintergrund sind die Wagen der Spieler, die im Innenraum geparkt sind

Der beste Mann der Schotten, Torhüter Niven, musste also noch einmal sechs Gegentore hinnehmen. Dieser neuerliche Sieg bedeutete darüber hinaus auch, dass die Eintracht die einzige Mannschaft des Europapokaljahrs war, die bis zum Endspiel ungeschlagen blieb.

Minutenlange Ovationen begleiteten die Eintracht beim Verlassen der Arena. Großen Sportsgeist bewiesen die Spieler der Rangers, die nach dem Fortwischen der Enttäuschungstränen ein Spalier bildeten und die Hände klatschten, als die gerührten Hessen sie passierten. Tausende harten noch über eine halbe Stunde aus, um den Frankfurtern zu gratulieren, als sie ihren Bus bestiegen. Der Beifall begleitete die Spieler noch bis in die Stadt, als die heimlaufenden Schotten mit dem Bus überholt wurden. Der Rückhalt beim Finale durch dieses faire Publikum war ihr sicher.

Tor durch Meier

Trainer Oßwald, der ausgegeben hatte, sofort in die Offensive zu wechseln, wann immer man selbst das Spiel führte, lobte die taktische Disziplin seiner Mannschaft. Rangers-Präsident J.F. Wilson gestand: „Wir sahen in Glasgow noch keine bessere Elf". Reals Beobachter Emilio Östreicher, der vom neuen Real-Trainer Manuel Munoz begleitet wurde, schwärmte in höchsten Tönen von dem größten Triumph einer deutschen Fußballmannschaft – vernachlässigt man den Gewinn der Weltmeisterschaft 1954 in Bern – und fügte in Hinblick auf das nun feststehende Finale hinzu: „Ich bin überzeugt, dass die Begegnung für Real sehr, sehr hart und schwer werden wird." Munoz bekannte: „Noch nie sah ich eine Mannschaft, in der sich jeder Einzelne so schnell vom Ball trennten konnte ..."

Das 6:3 in der 88. Minute durch Alfred Pfaff

Nach dem Spiel wurde zum Bankett eingeladen. Doch der Beginn verzögerte sich, nachdem die Spieler erfuhren, dass in einem anderen Zimmer eine Fernsehaufzeichnung der wichtigsten Phasen der Begegnung gezeigt wurde. Auch die Rangers kamen nach. Die Spieler beider Teams feixten sich zu, als sie die Szenen noch einmal sahen. Die Krönung des Abends bereitete erneut John Wilson, der Alfred Pfaff zur besonderen Ehrung auf einem Silbertablett die Melone feierlich überreichte und damit mehr Freude auslöste als die gerade mal 650 Mark Prämie pro Kopf für beide Siege über die Schotten. Nach einem Empfang im deutschen Konsulat (mit Tanz) am nächsten Tag gab es eine Einkaufstour für die Spieler und das Abendessen in Largs. Am Samstag erfolgte die Abreise über London mit dem Besuch des gar nicht begeisternden englischen Pokalfinales in Wembley (man bekam nur Stehplatzkarten) und Amsterdam. Bei der Landung in Frankfurt um etwa 23:30 Uhr trug die Mannschaft Melone und Schottenmützen. Hunderte Anhänger sorgten für einen großen Empfang.

Presseschlagzeilen:

- Wieder sechs! (Kicker)
- Eintracht stürmte durch den Ibrox Park (Abendpost)
- Das war die Ibrox-Katastrophe 1960 (Daily Record)
- Brillant aufspielende Eintracht stellt Armut des schottischen Fußballs bloß (Scotsman)
- Rangers zerfetzt und in Streifen gerissen (Daily Mail)

Nach dem Sieg im Ibrox Park. Von links: Eigenbrod, Höfer, Kress, Weilbächer, Meier

Reals Gipfeltreffen

Die Ungereimtheit um den in der ersten Mannschaft nicht eingesetzten und in die Reserve verbannten Didi war nicht die einzige, die sich in Madrid abspielte. So bekam Trainer Fleitas Solich plötzlich Differenzen mit dem Vorstand des Klubs. Er sei zu alt für die Mannschaft hieß es. Die Ansichten der Spieler der ersten Mannschaft waren tatsächlich nicht mehr mit denen des Trainers in Einklang zu bringen. Schnell wurde Solich, dessen Vertrag sowieso auslief, durch den langjährigen Spielführer Miguel Munoz ersetzt, der bis dahin die zweite Mannschaft Reals, „Plus Ultra", trainierte. Munoz war der von den Spielern gewünschte junge Trainer. Deshalb war die Mannschaft zufrieden und arbeitete mit neuer Freude. Als Neuzugänge holte man noch den jungen Verteidiger Enrique Pérez Diaz – genannt Pachin – und Aufbauspieler Luis del Sol. Die UEFA erkannte durch den Fall Pachin / del Sol eine Lücke in ihren Satzungen und beschloss, dass ab der folgenden Saison nur noch Spieler eingesetzt werden dürften, die wenigstens drei Monate vor den Spieltagen beim jeweiligen Verein waren. Für die aktuelle Saison konnte Real allerdings noch von der fehlenden Regelung profitieren.

Wenig begeistert hatten Real Madrid und der FC Barcelona das Ergebnis der Auslosung hingenommen. Real musste in der alten Saison den Katalanen in der Spanischen Meisterschaft den Vortritt lassen. Gleiches Missgeschick ereignete sich in der aktuellen Saison. Demnach war die einzige mögliche Qualifikation für den Wettbewerb der Folgesaison nun nur noch der Gewinn des europäischen Titels. Und nun musste man sich mit dem ewigen Konkurrenten Barca auch noch im Europapokal messen.

Aber auch auf der Seite Barcelonas stimmte es nicht. Trainer Helenio Herrera hatte sich mit Czibor und dem in den Europapokalspielen dieser Saison bereits sieben Mal erfolgreichen Kubala überworfen – beide wurden für die Spiele gegen Real aus dem Kader gestrichen.

Auf Seiten Reals verfuhr man wie üblich, um nach dem körperlichen Training auch noch dem Lampenfieber mancher Stars entgegenzuwirken und sich zu konzentrieren. Man fuhr nach San Lorenzo am Escorial, einem weltberühmten Klosterschloss. In einem Hotel des 1.000 Meter hoch gelegenen Ortes zog man sich in Ruhe zurück.

Es war der 21. April, als es zum ersten Schlagabtausch zwischen beiden Teams im Bernabéu-Stadion kommen sollte. Das Publikums Madrids hatte sich Trillerpfeifen mitgebracht, um Revanche für das letzte Ligaaufeinandertreffen zu nehmen, als die Anhängerschaft der Katalanen die Madrilenen ausgepfiffen hatte. Pachin und del Sol waren von Beginn an dabei. Alfredo di Stefano legte in der 19. Spielminute mit einem Kopfballtor für Real vor. Schon zehn Minuten später fiel das 2:0 – Ferenc Puskas war erfolgreich. In der 35. Minute verkürzte Barcelona durch Eulogio Martinez auf 1:2. Fortan bleibt es lange bei dem Spielstand. Beide Teams erweisen sich als im Prinzip gleichwertig. Ein Unentschieden wäre gerecht gewesen. Reals Wunschergebnis von einem Zwei-Tore-Vorsprung wurde kurz vor Schluss – in der 86. Minute – realisiert. Alfredo di Stefano hatte wieder mit dem Kopf getroffen. 3:1 lautete der Endstand.

Der Verzicht auf Czibor und Kubala rächte sich für Barca auch im Rückspiel am 27. April (also vor dem Rückspiel der Eintracht in Glasgow). Barca kam im Nou Camp überhaupt nicht zum Zug. Ferenc Puskas erzielte mit einer seiner berühmten „Bomben" vor 150.000 Zuschauern nach 25 Minuten das 1:0 für Real – Ramallets im Barcelona-Tor hatte keine Möglichkeit, den Treffer zu verhindern. Madrid wurde angesichts der nun insgesamt drei Tore Vorsprung ruhiger. Die Katalanen hatten keine Torchancen entgegen zusetzen. Francisco Gento erhöhte fünf Minuten nach Beginn der zweiten Hälfte auf Puskas-Vorlage auf 2:0 für die Madrilenen, woraufhin es wieder nur sechs Minuten dauerte, bis erneut Puskas für das 3:0 gesorgt hatte. Kocsisi konnte die Schmach für Barcelona mit einem Tor in der vorletzten Minute zum 1:3 nur wenig in Grenzen halten.

Barca-Trainer Herrera erlebte an dem Abend vor heimischer Kulisse jedoch sein Waterloo: Ein Hagel aus Sitzkissen ging auf den Fassungslosen nieder. Er verließ die Katalanen unmittelbar danach und legte auch sein Amt als Nationaltrainer nieder. Real Madrid aber stand im fünften Jahr in Folge im europäischen Endspiel.

Bei beiden Spielen war Eintracht-Trainer Paul Oßwald vor Ort – beim ersten begleitete ihn Alfred Pfaff, beim zweiten Richard Kreß. Das Urteil des Trainers: „Ich habe die weltbeste Mannschaft gesehen. Real Madrid ist eine sagenhafte Elf. Jeder Spieler ein vollkommener Techniker und Athlet, dazu mannschaftsdienlich. Puskas war noch nie so gut wie jetzt. Di Stefano ein „Feldherr" auf dem Rasen, Gento ein pfeilschneller Außen."

Reals Präsident Santiago Bernabéu, Namensgeber des Stadions in Madrid, verkündete beim Bankett nach dem Sieg gegen Barcelona: „Zwar sind wir keineswegs sicherer Sieger gegen die Eintracht, die uns in Madrid und in Barcelona studiert hat, aber wir sind entschlossen und würdig, zu gewinnen. Wir weihen dieses Spiel dem spanischen Volk!"

Interview mit Alfredo di Stefano

Alfredo Di Stefano

Alfredo di Stefano ist ein verschlossener und wortkarger Mann. Heute will er von seinen alten Erinnerungen nichts mehr wissen. Der Ehrgeizige ist verbittert, nachdem er im Alter von 37 seine Laufbahn beenden musste. Entsprechend schwer war es, seine Ansichten zur damaligen Zeit in Erfahrung zu bringen. Es folgt eine Quintessenz der spärlichen Interviews, die er zum Finale in Glasgow gegeben hat.

Wie nahmen Sie das Erreichen des Finales durch die Eintracht auf? Was bedeutet es für das Finale in Glasgow?
Bis dahin hatten wir in den Cup-Endspielen nur mit Mannschaften südländischen Stiltyps und südländischer Spielerprägung zu tun, also mit jenen, die uns lagen. Doch in Glasgow trafen wir auf einen ehrgeizigen Gegner von unerhörter Kampfkraft, der alles zu gewinnen und nichts zu verlieren hatte.

Von Real Madrid wurde die Eintracht in beiden Halbfinalspielen beobachtet. Wie haben Sie die Eintracht eingeschätzt?
Die Elf zeichnete sich durch gute Deckungsarbeit aus, vor der stabilen Hintermannschaft war eine klug aufspielende Angriffsreihe zu jeder Überraschung – auch gegen uns – bereit. Wir mussten höllisch aufpassen. Dazu konnten und können deutsche Fußballer bis zum Umfallen kämpfen. Ich hatte es selbst erlebt. Im gleichen Frankfurt, wo die Eintracht zu Hause ist, wurden wir mit der spanischen Nationalelf von Deutschland 2:0 geschlagen. Es war ein Sieg der Kampfkraft, des nimmermüden Einsatzes und der Moral der Techniker. Auch die Eintracht war zu solchen Leistungssteigerungen fähig. Wir mussten uns auf alles gefasst machen.

Wie standen Sie zum Austragungsort Glasgow?
Die Stadt sagte uns nicht sonderlich zu. Nichts gegen die Schotten, aber dort erlebte 1957 die spanische Nationalelf eine 2:4 Niederlage im Weltmeisterschaftsqualifikationsspiel, wodurch damals die Träume der Spanier auf den Gewinn des Weltcups ausgeträumt waren. Das sind alles böse

Omen gewesen. Ich hatte aber geglaubt, dass wir die bessere und erfahrenere Mannschaft seien und den Europa-Cup mit Erfolg verteidigen können.

Trotz der vielen Tore für Real stand das Spiel am Anfang auf des Messers Schneide. Wie haben Sie die Leistung der Eintracht gesehen?
Das 0:1 hat uns erschüttert. Für mich war Kreß der beste Deutsche. Die ganze Eintracht spielte ausgezeichnet und sehr anständig.

Das Spiel gilt heute als Klassiker. Wie haben Sie das Spiel direkt nach dem Schlusspfiff eingeordnet?
Ich habe geglaubt, dass dieses Spiel eines der besten Spiele von Real überhaupt war. Dieses Finale war wegen des Resultats eine große Sensation. Zehn Tore in einem Endspiel, sieben durch uns und drei durch die Deutschen – das war ein unglaubliches Ereignis! Wegen des Spielstands wird diese Begegnung für immer in Erinnerung bleiben.

Was war erforderlich, um die ersten fünf Wettbewerbe gewinnen zu können?
Es war schwierig und sehr, sehr hart. Erforderlich war vor allem der Wille. Sobald man einen Pokal gewonnen hat, strebt man den nächsten an. Gleichzeitig muss man aber immer auch an die Gegner denken. Man sollte nie vergessen, dass es die anderen einem nicht einfach machen werden.

Was war damals die größte Stärke von Real Madrid?
Wir waren ein Team, das wusste, was es wollte: Wir wollten siegen. Und wir wussten, wie das zu erreichen war. Wir hatten sowohl in der Abwehr als auch in der Offensive eine perfekte Organisation. Doch ich muss zugeben, dass wir manchmal erleichtert waren, wenn der Ball endlich im gegnerischen Tor landete! Das Wichtigste war für uns, dass wir jederzeit bereit waren, unser Bestes zu geben und so zu spielen, als ob wir im Rückstand lägen. Denn uns ging es eigentlich nie darum, Rekorde zu brechen. Wir wollten einfach Titel gewinnen.

Kritiker sagen, dass es heute nicht mehr möglich wäre, was Real damals erreichte, und dass Ihr Team diese Erfolge nur erzielen konnte, weil die Konkurrenz damals schwächer war und weniger Partien bestritten wurden.
Das trifft nicht zu. Es war damals eher schwieriger, weil der Wettbewerb im K.O.-System ausgetragen wurde. Heutzutage kann man auch noch weiterkommen, wenn man zwei Spiele verliert. Doch zu unserer Zeit musste man nur eine Runde verlieren, und schon war man ausgeschieden. Man bekam

Alfredo di Stefano (rechts) mit Eintracht-Präsident Rudi Gramlich beim Bankett nach dem Finale

keine zweite Chance. Heute gibt es mehr Partien und mehr Gegner, aber auch schwächere Mannschaften. Zur Zeit seiner fünf Erfolge im Europapokal war Real Madrid eine der besten Mannschaften, aber nicht perfekt. Das perfekte Team gibt es nicht. Wir haben gesiegt, weil wir hart daran gearbeitet haben. Im Fußball geht es um Gemeinschaft und Homogenität. Das Team steht immer im Zentrum. Sieger ist immer die ganze Mannschaft. Im Umfeld von hervorragenden Spielern gibt es immer andere, die ebenfalls gute Arbeit leisten. Das eine ist ohne das andere nicht denkbar.

Sie sind DIE Legende von Real. Störte es Sie damals, dass Pelé als die alleinige Nr. 1 der Welt galt?

Pelé war ein Phänomen, ein Spieler für sich, der eine Epoche ausgefüllt hat. Ihm gilt mein größter Respekt. Er war für das Herz, die Mannschaft und das Publikum durch und durch Fußballer. Ich wollte niemals die Nr. 1 der Welt gelten. Ich war immer für die Mannschaft, das Kollektiv. Wenn ich ein Tor schoss, dann immer mit dem Gefühl, es für die Mannschaft getan zu haben. Ich habe einfach nur Fußball gespielt und nie einen Star aus mir machen wollen. Derjenige, der nur einen Star aus sich machen will, stürzt auch tief. Sterne stehen nun mal bekanntlich hoch am Himmel.

Es wird Ihnen ja nachgesagt, Sie hätten einen strengen Charakter. Führt der Trainer di Stefano eine Mannschaft eher streng?
Mein Charakter ist nicht streng oder gar schlecht. Das ist etwas, was Real verbreitet hat, als ich ging.

Wie war Ihr Verhältnis zu Real Madrid nach dem Weggang als Spieler?
Wenn Herr Bernabéu und ich uns sahen, dann grüßten wir uns anständig. Aber solange er noch bei Real war, konnte ich nie zurückkommen.

Wie sehen Sie die heutige Fußballszene?
Früher gab es bessere Fußballer und den besseren Fußball. Manchmal habe ich den Eindruck, dass selbst große europäische Mannschaften – wenn sie gegen uns spielen – immer noch gegen Puskas, Gento und mich antreten. Ja, sie haben einen riesigen Respekt, weil sie immer auch gegen die Geschichte von Real Madrid spielen.

Die 5. Runde – Das Finale

Die 5. Runde – Finale

- Saisonverlauf (5.)
- Der letzte Countdown
- Erlebnisbericht: Nimm' den Rolls-Royce und verkaufe die Karten vor dem Stadion
- Erlebnisbericht: Viele Flugzeuge und wache Bobbies
- Erlebnisbericht: Hört ihr, wie der Donner halt …
- Ein unvergleichliches Finale – Finale gegen Real Madrid
- Stimmen zum Spiel
- Wie Frankfurt das Finale erlebte
- Der Festzug am Main

Saisonverlauf (5.)

Die Meisterschaftssaison war inzwischen längst beendet. Lediglich der europäische und der nationale Pokalwettbewerb liefen noch, während letzterer von der Eintracht erst nach dem Endspiel gegen Real mit einem Sieg bei der SpVgg Fürth (4:1) fortgesetzt werden konnte. Zwei überbrückenden Freundschaftsspielen (beim FC St. Pauli (2:3) und bei Gentoise Gent (3:2)) folgte das Halbfinale beim FSV Frankfurt, das (4:2) gewonnen wurde. Nach dem Gastspiel des FC Santos mit Pelé (2:4) am 14.6. und einem Freundschaftsspiel bei Hamborn 07 (5:3) war zunächst Spielpause. Das Pokalfinale um den Süddeutschen Pokal verlor man Ende Juli mit 1:2 gegen den neuen Süddeutschen Meister aus Karlsruhe. Zuvor hatte aber natürlich das große europäische Finale in Glasgow absolute Priorität. Zur Vorbereitung trug man eine Woche vor dem großen Tag im Waldstadion noch ein Freundschaftsspiel gegen den Racing-Club Straßburg aus, das zur allgemeinen Befriedigung 4:0 gewonnen wurde.

Der letzte Countdown

Das Interesse am Endspiel war riesig. Aus Frankreich, Belgien, Holland, Italien, Schweden, Dänemark und der Schweiz flogen Chartermaschinen zur britischen Insel. Als großer Engpass erwies sich die Strecke von London nach Glasgow, für die es im regulären Verkehr schon frühzeitig keine freien Plätze mehr gab. Die spanische Fluggesellschaft Iberia ließ alle Fluggeräte einsetzen, die der Maschinenpark noch hergab. Ähnliches galt für die Strecken aus Deutschland. Weder aus Frankfurt, Hamburg, Düsseldorf oder München gab es noch reguläre Möglichkeiten, um nach Glasgow zu fliegen. Eintracht-Spielführer Alfred Pfaff füllte sogar eine eigens von ihm bestellte Chartermaschine bis auf den letzten Platz.

Zigarren-Bauchbinde von Schimmelpfennick, erschienen in einer Serie in den 70er Jahren

Am Ärmelkanal mussten zusätzliche Schiffe eingesetzt werden, um den Andrang deutscher Autos zu bewältigen. Die per Flugzeug, Auto, Bus und Zug anreisenden Anhänger der Eintracht und Reals, die in den Straßen Glasgows ihre Fahnen schwenkten, wurden von den Schotten als willkommene Gäste begrüßt. So sollen gar deutsche Fans kostenlos Bus und Taxi gefahren sein, da die Schaffner und Fahrer sich geweigert hatten, Fahrgeld zu nehmen – für sie sei es eine Ehre gewesen, die Anhänger zu transportieren …

Die Eintracht konnte ohne Druck an die bevorstehende Aufgabe herangehen, hatte sie doch ihren Erfolg schon errungen und gegen den hohen Favoriten mit dem großen Namen nichts zu verlieren. Wieder schlug sie ihre Zelte zunächst in der Sportschule im Frankfurter Stadtwald auf, bevor man bereits sonntags nach Glasgow abflog. Auch dieses Mal wohnte das Team nicht in Glasgow, sondern etwa 20 km nördlich des letzten Quartiers von Largs, im in einer freundlichen Parklandschaft gelegenen Skelmorlie Hydro-Hotel der Küstenstadt Prestwick (Grafschaft Ayreshire), während die Madrilenen 50 bis 60 km südlicher an der Küste im weltbekannten Golf-Paradies Troon in einem schlossähnlichen Hotel mit Parkanlagen, Tennis- und Golfplätzen logierten. Das Training der Eintracht fand wie vor dem Halbfinalrückspiel gegen die Rangers wieder in Largs statt, während Real im Rugbypark von Kilmarnock trainierte.

Beim teuersten Team der Welt hatte es große Veränderungen gegeben: Zum einen förderte Reals neuer Trainer Munoz die unter seinem Vorgänger

vernachlässigte Konditionsarbeit, zum anderen wurde scheinbar mit dem ersten Tor im Halbfinalrückspiel in Barcelona eine zwei Jahre schwelende Rivalität zwischen di Stefano und Puskas beigelegt. Gento, di Stefano, del Sol und Pachin trafen erst am Montagabend im Quartier der Spanier ein, da diese noch drei Tage vor dem europäischen Endspiel zu einem Länderspiel in Madrid gegen England (3:0) angefordert wurden.

Emilio Östreicher hatte bereits lange und ausführliche Vorträge vor den Spielern und der Klubleitung zur Eintracht gehalten, um diese auf alle Eventualitäten vorzubereiten. Munoz warnte seine Mannschaft noch einmal ausdrücklich: „Seid auf der Hut! Keiner unserer bisherigen Gegner im Europapokal-Wettbewerb" besaß eine so genau markierende Abwehr wie die Eintracht. Und keiner besaß einen so schnellen, intelligenten Sturm wie die

Ansichtskarte (Bildseite): Die Cumbraes, Bute und Arran Peaks, Largs

Frankfurter!" Die Spieler waren also vorgewarnt. Zudem wollten di Stefano und Puskas alte Rechnungen begleichen. Der gebürtige Argentinier wollte die an ihm nagende Länderspielniederlage von Spanien 1958 in Frankfurt gegen Deutschland (0:2) wieder wettmachen, der Ungar sah die Möglichkeit der sportlichen Revanche für die Endspielniederlage bei der Weltmeisterschaft 1954. So machte er bei jeder Gelegenheit seinen Verdruss über den Ausgang des damaligen Spiels deutlich. (Hierfür wurde Puskas sogar im Rückblick auf das Finale von Glasgow im offiziellen Mitteilungsblatt der Eintracht kritisiert.) Die an den Erfolg gekoppelten Verdienstmöglichkeiten der spanischen Vollprofis in der neuen europäischen Saison waren außerdem eine große Motivationshilfe.

Ansichtskarte (Textseite): Grüße und Autogramme an Frankfurts Oberbürgermeister Werner Bockelmann

Für Real bedeutete der Ausgang des Endspiels die Entscheidung zwischen einem gestiegenen Marktwert des Klubs (wichtig für die Antrittsprämien bei Freundschaftsspielen) und einem eventuellen Einnahmeausfall in der nächsten Europapokalsaison mit der Konsequenz von Spielerverkäufen. Man müsse unbedingt gewinnen, betonte Reals Emilio Östreicher immer wieder und dachte dabei an das äußere Umfeld: „Wir müssen vor allem das Glasgower Publikum für uns gewinnen!" So nutzte er jede Gelegenheit, um seinen Verein und die Spieler in die schottische Presse zu bringen. Man lobte den Glasgower Fußball und die Fachkenntnisse seines Publikums und zeigte sich gegenüber jedem Schotten, der Interesse an spanischen Fußball hatte, offen. Dazu gehörte auch, einer örtlichen Zeitung die rührselige Lebensgeschichte des Exil-Ungarn Ferenc Puskas zu verkaufen, die dann täglich als Serie erschien.

Beide Vereine hatten sich schon darauf geeinigt, im Falle eines Unentschiedens das Wiederholungsspiel in Brüssel auszutragen. Doch zunächst musste erst einmal in Glasgow gespielt werden. Und noch war es nicht soweit. Auf ein Training im Hampden Park verzichtete Oßwald zu Gunsten von einer besseren Konzentration auf das Spiel völlig – zusammen drei Stunden wären für Hin- und Rückfahrt ansonsten als Reisestrapazen hinzugekommen. Während die Leute über die große Hitze stöhnten, lenkte man sich bei der Eintracht unter anderem mit einer Bootspartie in der Glasgower Bucht oder mit einer Partie Golf ab. Alfred Pfaff schaffte ein „Hole in one": Er lochte mit einem Schlag über 200 Meter vom Abschlag zum Grün direkt ein, wobei der Ball die Fahne berührte. Die Spieler kauften Andenken und schrieben Autogramme und Postkarten. Stinka verletzte sich noch kurzfristig im Training, war allerdings rechtzeitig wieder einsatzbereit. Am Endspieltag trafen dann auch die Spielerfrauen mit einer Chartermaschine ein.

Richard Kress mit schottischem Wachmann vor dem Finale

Der Hampden Park, bis 1950 das größte Stadion der Welt, war ein alter, grauer Tribünenbau mit Wellblech über dem Kassenhäuschen. Er erinnerte von außen an den alten Rosegger Platz der Eintracht. Drinnen konnte man die eigentliche Zuschauerkapazität kaum glauben. Etwa 200.000 Kartenanfragen hatte es für das Finale um den wichtigsten europäischen Vereinswettbewerb gegeben. Lange Schlangen – zum Teil über 100 Meter lang – bildeten sich an den Vorverkaufsstellen. Der heutige Rezeptionist des Scottish Football Museum, Tommy Malcolm, erinnert sich zurück, wie er als damals 16jähriger schon viele Tage vor dem Spiel paranoide Angst gehabt hatte, nicht zu diesem Spiel gehen zu können. Um 2 Uhr in der Nacht stand er auf, um mit einem Freund zum Hampden Park zu gehen und sich dort um Karten zu kümmern. Um 6 Uhr in der Früh kamen sie am Stadion an und trafen auf eine Absperrkette der Polizei – sie waren nicht die Einzigen, die sich bereits angestellt hatten. Vier Stunden später kam es zu turbulenten Szenen, als einige tausend schottische Fußballanhänger beim Versuch, Tickets zu erhaschen, Polizeiabsperrungen durchbrachen. Diese Vorfälle gab es am Samstag und im Morgengrauen des Montags vor dem Spiel, wobei es montags sogar einige Verletzte und auch niedergeschlagenen Polizisten gab. „Es war wie bei der Beatlemania“, meint Malcolm.

Wartende Schlangen vor den Kassen

Der Hampden Park 1912 beim Länderspiel Schottland - England

Bei 149.547 Zuschauern stand und steht noch heute der Rekord für den monumentalen Hampden Park. Doch aus Sicherheitsgründen wurde das Platzangebot auf 127.621 begrenzt. Die Karten wurden restlos verkauft. Tausende hatten sich umsonst angestellt und gingen traurig ohne Tickets nach Hause. Die teuerste Karte kostete 36 Mark. Schwarzmarkthändler hatten sich gut eingedeckt, doch der Markt brach kurz vor Spielbeginn zusammen. Die Händler hatten sich verspekuliert, blieben auf ihren Karten sitzen, nachdem keine kartenlosen Besucher mehr kamen. Selbst verschenkt fanden die letzten Karten keine Abnehmer mehr, wodurch schließlich nicht alle Plätze besetzt waren. Noch am Morgen hatte die Polizei über die Presse verkünden lassen, dass es sinnlos sei, ohne Karte zum Stadion zu fahren, da das Spiel ausverkauft sei. Daran hielten sich die meisten Schotten auch.

Die internationale Fachpresse war nach dem beeindruckenden Abschneiden der Frankfurter gegen die Glasgow Rangers der Meinung, dass die Eintracht eine Chance gegen Real hätte, wobei man es für am wahrscheinlichsten hielt, dass Real durch eine starke zweite Halbzeit gewinnen würde. 5:1 standen die Wetten zu Gunsten von Real. Nur in Hessen tippte man laut einer Umfrage 60:40 auf die Eintracht. Mehr als 200 Journalisten und 20 Fernseh- und Radioreporter waren schließlich im Stadion. Die Fernsehübertragung bediente neun Länder.

Als Schiedsrichter teilte man Jack Mowat zu, der als der beste schottische Referee galt. Er hatte bereits 30-mal das Glasgower Derby zwischen den Rangers und Celtic geleitet. Als Vorteil für die Eintracht wurde gesehen, dass der Auserwählte das englisch-harte Spiel der Eintracht akzeptieren würde, während die Spanier als hochsensible Spieler galten. Er verzichtete später auf einen Verdienst für die Spielleitung und gab sich mit der Erstattung seiner Fahrtauslagen (6 pence) sowie einer Erinnerungsmedaille zufrieden.

Erlebnisbericht:
„Nimm' den Rolls-Royce und verkaufe die Karten vor dem Stadion"

Karl Rupp, in Eintracht-Kreisen bekannter Wirt der Gaststätte „Zum Ruppe Karl" in Obererlenbach hat keines der Eintracht-Endspiele nach dem Krieg verpasst. Im Folgenden erzählt er seine Erlebnisse hinsichtlich des Endspiels in Glasgow:

Ich bin mit Rudi Gramlich, unserem Präsidenten, dem Willi Ewald, dem damaligen Geschäftsführer, sowie dem Bubi Schreiber, der wie ich auch ein Metzgermeister war, montags nach Glasgow geflogen. Das Spiel war jedoch erst am Mittwoch. Die Mannschaft wohnte draußen in Largs. Das befindet sich an der Clyde-Mündung, also direkt am Meer. Der Flughafen liegt jedoch etwa 40 km außerhalb der Stadt. Etwa um vier Uhr in der Nacht sind wir in Schottland gelandet. Da habe ich zum Rudi gesagt: „Wie kommen wir den jetzt mitten in der Nacht in die Stadt?" Darauf hat der Rudi geantwortet: „Du fliegst doch mit dem Präsidenten! Real Madrid hat zwei Rolls-Royce gemietet. Also können wir uns doch mindestens einen leisten." Direkt nach der Passkontrolle hat dann auch schon der Chauffeur auf uns gewartet und den Präsidenten begrüßt. Danach sind wir mit dem Rolls-Royce in die Stadt gefahren. Dort haben wir im St. Inoch-Hotel gewohnt. Das Hotel lag oberhalb des Bahnhofes. Wenn du dort nicht die Fenster geschlossen hast, bekamst du überhaupt keine Luft. Lauter Kohlenzüge fuhren dort ein und aus.

Eintracht-Anhänger treffen Alfred Pfaff (mit getönter Sonnenbrille)

Am nächsten Morgen gegen acht Uhr ist dann wieder der Chauffeur gekommen und hat uns abgeholt. Zuerst haben wir einen Antrittsbesuch beim Schottischen Fußballverband gemacht und anschließend ging es zum deutschen Botschafter. Vom Botschafter wurden wir in der Börse von Glasgow zum Mittagessen eingeladen. Im Gegensatz zu Deutschland sah es dort im Lokal nicht besonders gut aus. Die Polster von den Sitzen waren aufge-

V.l. Eintracht-Trainer Paul Oßwald, Real-Manager Emilio Östreicher, Eintracht-Präsident Rudi Gramlich und Real-Trainer Munoz

schlitzt und total abgesessen, der Lichtboden abgelaufen. Also, es sah ganz schlimm aus. Bei uns hätte man das sofort abgerissen. Das Bier wurde in riesigen Gläsern eingeschenkt wie Äppelwoi, ohne jeglichen Schaum. Und dazu gab es dann Fisch. Nach dem Essen sind wir nach Largs zur Mannschaft gefahren, die am nächsten Tag in unser Hotel nach Glasgow umgezogen ist.

In Schottland gab es ja zu dieser Zeit eine komische Vorschrift: von 11 bis 14 Uhr gab es in den Lokalen etwas zu essen, und dazu konnte man auch etwas trinken. Vorher und nachher durfte jedoch kein Alkohol ausgeschenkt werden. Die gleiche beschissene Regel galt auch am Abend für die Zeit zwischen 17 und 21 Uhr. Innerhalb dieser Zeitspanne wurde auch das Spiel ab 19 Uhr ausgetragen. Teilweise sind die deutschen Schlachtenbummler erst zum Spiel eingetroffen. Die hatten zum letzten Mal in Frankfurt gegessen und getrunken und bekamen erst nach dem Rückflug in die Heimat wieder etwas zwischen die Kiemen. Das lag auch daran, dass viele Schlachtenbummler mit Charterflügen kamen. Diese mussten sich in den Wartezonen am Flughafen aufhalten, wo es nichts zu essen und zu trinken gab. Nach dem Spiel wurde ein Bankett abgehalten, wofür es einer Sondergenehmigung der Regierung bedurfte, dass wir noch etwas zu essen bekamen.

Nun aber wieder zurück zum Spiel. Der Präsident hatte noch etwa 250 Eintrittskarten für die deutschen Schlachtenbummler aufgehoben, die ohne Karten zum Endspiel geflogen waren. Offiziell war das Spiel schon längst ausverkauft. Zwei Stunden vor dem Spiel hat dann der Rudi gesagt: „Karl, nimm' den Rolls-Royce und verkaufe die Karten vor dem Stadion". Dann wurde ich vom Chauffeur zum Stadion gefahren, und der ist wieder zurück zum Hotel und hat den Rudi abgeholt.

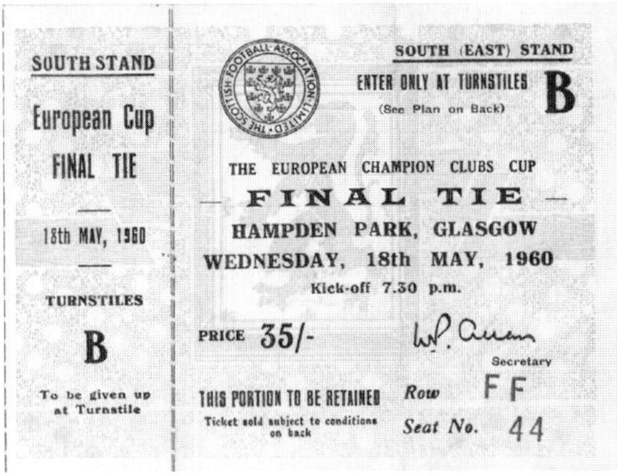

Eintrittskarte Real - Eintracht

Die teuerste Karte hat damals 3 Pfund gekostet. Das waren immerhin 36 Mark – und die Schotten waren ziemlich geizig. Die billigste Karte hat ein Pfund gekostet. Das ist gegenüber heute – bei so einem Spiel – ein Witz. Beim Verkauf der Karten hat mir ein Marktschreier von den Rangers geholfen, den wir bei unseren Halbfinalspielen kennen gelernt hatten. Ich selbst konnte nämlich kein einziges Wort auf Englisch. Die billigen Karten hatte ich schnell verkauft, nur die teuren Tickets bekam ich nicht los. Nun ging es als näher zum Spiel. Da habe ich auf eigene Faust die teuren Karten für ein Pfund verkauft. Die Schotten haben mich fotografiert, denn so etwas gibt es bei denen nicht. Wenn die Karte drei Pfund kostet, dann wird sie auch nur für drei Pfund verkauft oder man bleibt eben auf den Karten sitzen. Ich hatte daraufhin bald alle verkauft und die Taschen voller Geld. Es war dann so viel geworden, dass ich das ganze Hotel bezahlen konnte.

Erlebnisbericht: Viele Flugzeuge und wache Bobbies

1960 verfasste Eintracht-Mitglied Kurd-R. Roesler folgenden Bericht über die Reise zum Endspiel:

> Es gab Siegberauschte – das waren ihrer viele – die den Boden unter ihren Füßen verloren. Und das ausgerechnet beim Fußball! Sie glaub-

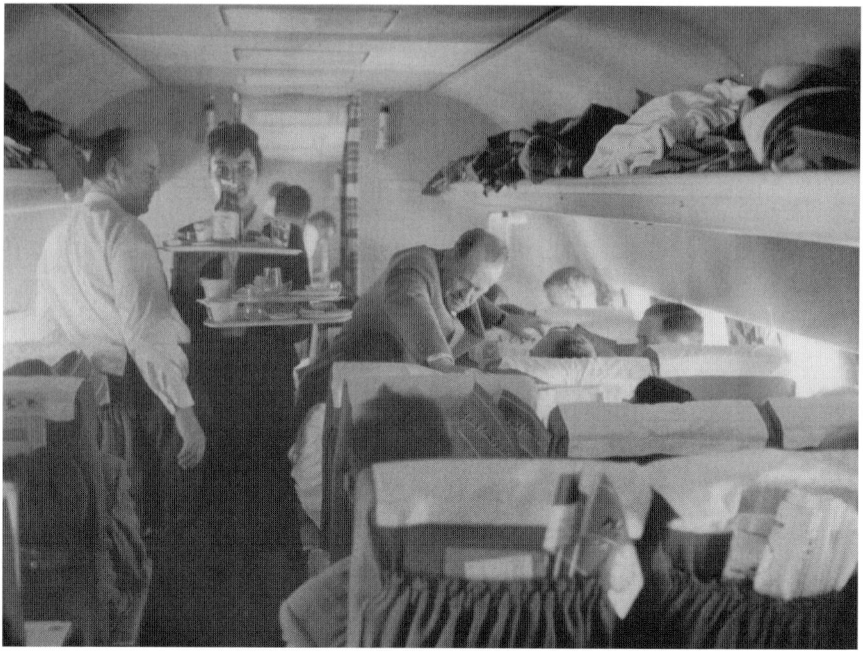

An Bord eines Fluges nach Glasgow (in der Mitte Sepp Herberger)

ten bereits, die Eintrachtelf schwebe bereits hoch über der letzten Stufe. Auch das Erringen der Pokaltrophäe wäre ihr sicher. Und natürlich wollten diese berauschten alle dabei sein. Es gab auch Nüchterne, die gerne ein gutes Spiel sehen und schon die Endspielteilnahme für ehrenvoll und großartig hielten. Diese wollten gleichfalls in Glasgow anwesend sein.

Die Nachfrage regelt das Angebot: Am 5. Mai reichte eine Chartermaschine aus, um 40 Schlachtenbummler rechtzeitig ins Ibrox-Stadion, den roten Backsteinbau, zu befördern. Rechtzeitig, obwohl eine Zwischenlandung in Amsterdam notwendig wurde und ein sportbegeisterter Fluggast angenommen hatte, zum Vorschlussrundenspiel wären die Pass- und Visavorschriften Großbritanniens selbstredend außer Kraft gesetzt. Nach langem und gutem Zureden ließen die Beamten sich auf einen glimpflichen Handel ein. Dieser Vorfall diente immerhin als Warnung für das Endspiel am 18. Mai, wieder in Glasgow.

So viel Nachfrage, so viel Angebot: Chartermaschinen und bislang unbekannte Fluggesellschaften, Omnibusunternehmen und Sonderzugarrangements machten sich Konkurrenz und unterboten sich in den Preisen für die Reise zum Europapokal-Endspiel. Hauptbörsenumschlagplatz war die Gaststätte von Alfred Pfaff in der appetitanregenden Börsenzeit zwischen 13 und 15 Uhr. Hier geschah es auch, dass auf Anweisung des Stammtisches ein Gutgläubiger beim Flettner Mainschiff buchen wollte. Warum sollte es bei der allgemeinen Erregung und Begierde nicht auch möglich sein, auf Schiffen mit den viel versprechenden Namen „Vaterland" und „Goethe" für 86 Mark auf Luftmatratzen und mit Verpflegung, Lunchpaketen via Main-Rhein-Ärmelkanal und der Ostküste Englands entlang nach Schottland zu kommen?! Je näher der Termin rückte, nahmen doch die soliden Angebote immer deutlichere Formen an. Schließlich flogen 15 Chartermaschinen vom Rhein-Main-Flughafen nach Prestwick und Renfrew.

Beim Start am frühen Morgen des 18. Mai herrschte bereits Spielfieber, es ging auch hier um die Reihenfolge auf der Startpiste. Im internationalen Flughafen von Prestwick landeten als Erste drei Chartermaschinen, zur Verfügung gestellt und betreut vom Reisebüro Riedel. Eine Metropolitan der Condor, eine Hermes der Falcon Airways und eine DC 4 der Balair (Swissair). Gleichzeitig traf auch die Superconstellation der Lufthansa mit Offiziellen der Eintracht und den Frauen der Spieler ein. Beim Umsteigen in die durch die Reiseleitung bestellten und als „Eintracht Supporters" gekennzeichneten Omnibusse zum Transfer nach Glasgow und in den Hampden Park schloss sich den Frankfurter Schlachtenbummlern ein einzelner Kanadier an, der extra aus Montreal eingeflogen war, um sich das Spiel anzusehen. Auf der Fahrt zum Stadion erwies sich an den häufig bemerkten Autos mit deutschem Kennzeichen, dass auch viele Besucher auf diesem Wege gekommen waren. Als Erster auf dem Parkplatz hatte sich ein Opel Rekord aus Säckingen eingefunden – mit dem Motto in weißer Farbe aufgemalt: „Wir fahren nach Glasgow zur Eintracht". Dieser Sportbegeisterte aus dem Südzipfel der Bundesrepublik hatte seinen Wagen gegen die Fahrtrichtung geparkt. Als das Spiel vorüber war, fand er indessen seinen Opel vorschriftsmäßig in Abfahrtrichtung stehen. Er staunte nicht wenig ob

Dr. Runzheimer und Schatzmeister Hohmann (3. und 4. von rechts) zwischen den Eintracht-Spielern in Glasgow

dieser Zauberei – zehn kräftige Bobbies hatten den Wagen gelupft und um 180° gedreht.

Die Passagiere der leichteren Chartermaschinen, Convair, der Deutschen Flugdienst, von Argonaut und der Overseas Airlines, die in Renfrew landeten, erreichten ebenfalls vorzeitig das Stadion. Nur die Insassen der Pfaff'schen Chartermaschine hatten sich bei der Fahrt quer durch Glasgow mit dem Verteilen der von der Neuen Presse gespendeten schwarzweißen Eintracht-Fähn-

Abfahrt der Eintracht zum Hampden Park

chen so lange aufgehalten, dass sie gerade noch zu Spielbeginn hereinschlüpften. Dafür war allerdings die ganze Jugend von Glasgow mit Eintracht-Fähnchen ausgestattet.

Nach dem Spiel gab es eine rührende Szenen, als der Bannerträger der Spanier einem Eintrachtler, der seine Fahne immer noch sehr hoch hielt, um den Hals fiel und ihn als Zeichen der Freude und zugleich Verbrüderung abküsste, wobei dem ergriffenen Spanier die Tränen über die Wangen liefen. Spanische Galanterie und Herzlichkeit erfuhr auch eine blonde Frankfurterin, die ihren Transferbus verpasst hatte. In ihrer Hilflosigkeit wurde sie von dem spanisch besetzten Bus nicht nur – wie erbeten – zur nächsten Taxihaltestelle, sondern noch bis Renfrew geleitet, so dass sie ohne Mehrkosten und rechtzeitig ihr Flugzeug zum Rückflug erreichte.

Man sieht: Der Mensch lebt nicht vom Brot allein sondern auch von der brüderlichen Freundschaft und Sportbegeisterung ohne nationale Einschränkung. Dennoch hätten die vielen deutschen Besucher nach dem Spiel gern etwas Handfestes zu essen und etwas Gutes zu trinken gehabt. Da aber nach 22 Uhr in Großbritannien kaum noch Essen und Trinken verabreicht wurde und nicht alle zum Bankett im Grosvenor Hotel eingeladen waren, mussten die im Hauptquartier der Eintracht, im St. Enoch's Hotel, Versammelten gelangweilt in den Sesseln warten und mit wenig aufregendem Teeschlürfen die Zeit verbringen, bis die Maschinen in den frühen Morgenstunden zum Rückflug starteten.

Erlebnisbericht: „Hört ihr, wie der Donner halt ..."

Ulrich Sauerbrey erinnert sich wie folgt an seine Fanreise zum Finale von Glasgow:

Nach dem grandiosen 6:1-Sieg im ersten Halbfinale im Frankfurter Waldstadion gegen die Glasgow Rangers – zur Halbzeit stand es vor fast 80.000 Zuschauern ja noch 1:1 – kam der Gedanke auf, unbedingt das Endspiel in Schottland zu erleben. Der 6:3 Sieg im Rückspiel bestärkte mich in dem Vorhaben. Treffpunkt war damals nach den Heimspielen grundsätzlich die Gaststätte des Spielführers Alfred Pfaff. Hier war der Stützpunkt, bei dem es immer Neuigkeiten zu erfahren gab – so auch, dass das damalige Reiseunternehmen „Hotelplan" eine Busfahrt zum Endspiel nach Glasgow anbot. Die Euphorie war grandios und für damalige Verhältnisse unbegreiflich. Ich war damals 18 Jahre alt. Obwohl mich viele aus dem damaligen Kollegen- und Freundeskreis für verrückt erklärt haben, war die Reise ein unvergessliches Erlebnis.

Ich verdiente bis März als Lehrling im Kaufhaus M. Schneider noch 90 Mark im Monat, danach als Angestellter 250 Mark. Mit zwei Kollegen aus der Firma buchte ich die Reise. Mühsam gesparte 400 Mark – ein kleines Vermögen – musste ich für Fahrpreis, Eintrittskarte und Verpflegung zahlen. Ich hatte hierfür mein Sparbuch geplündert. Meine Eltern gaben nichts dazu.

Herr Sauerbrey mit Eintracht-Hut auf der Fähre nach England (Foto: Privatarchiv Jörg/Ulrich Sauerbrey)

Am Dienstag, den 17. Mai, ging es früh um 7 Uhr los. Alle Jahrgänge von 18 bis 80 waren vertreten. Quer durch Deutschland fuhren wir Richtung französische Küste. Von Autobahnen brauchte man damals so gut wie gar nicht zu reden. Selbstverständlich wurde gesungen. Ein Text lautete: „Es gibt keinen Verein in Europa, der die Eintracht schlagen kann." In einem anderen Lied sangen wir „Hört ihr, wie der Donner halt, das ist die Eintracht vom Riederwald!" Auf diese Weise haben wir uns viele Stunden im Bus unterhalten können. Es war eine Mordsstimmung. An den Grenzen verhielten wir uns auf Kommando des Busfahrers mit dem Alkohol vorsichtig. Wir lagen gut im Zeitplan, als wir in Calais ankamen, um von dort per Fähre nach Dover überzusetzen. Die Fährfahrt lief reibungslos.

In London hatte uns der Busfahrer etwa drei Stunden zur freien Verfügung gegeben. Es wurde die Maßgabe ausgegeben, wieder pünktlich am Bus zu erscheinen. Zwei Fans kehrten allerdings nicht rechtzeitig vom Stadtrundgang zurück. So verständigte der Fahrer

Busankunft Glasgow. Herr Sauerbrey 2. v. rechts (Foto: Privatarchiv Jörg/Ulrich Sauerbrey)

die Polizei. Nach einer Wartezeit von weiteren zwei Stunden fuhren wir dann ohne diese beiden weiter. Der Bus fuhr die Nacht durch Richtung Glasgow – 800 Kilometer lagen noch vor uns. Immer wieder gab es Pausen, damit alle Mitfahrer Wasser lassen konnten.

Eine Stunde vor Spielbeginn trafen wir am Stadion ein. Dort glaubten wir unseren Augen nicht zu trauen. Wir trafen die beiden aus London vermissten Fans wieder. Denen hatte es zu lange gedauert, weshalb sie sich kurz entschlossen per Bahn auf die Socken gemacht hatten. Wir waren stocksauer. Pünktlich um 19:30 Uhr Ortszeit erreichten wir unsere Sitzplätze. Die Kulisse von fast 130.000 Zuschauern bleibt unvergessen, zumal die schottischen Zuschauer von Anfang an auf unserer Seite waren. Wir führten zwar 1:0, aber dann brach es über uns hinein. Puskas, di Stefano und Gento waren einfach eine Klasse für sich.
Am gleichen Abend ging es noch zurück. Die Stimmung während der Rückfahrt war trotz der Niederlage gut. Aber wir waren sehr müde. So verpassten wir nach der Übernachtung in London in Dover unsere eigentliche Fähre nach Calais. Stattdessen nahmen wir die nächste Fähre nach Dunkerque. Am Freitagmorgen kamen wir um 4:30 Uhr am Morgen wieder in Frankfurt an. Ich fuhr mit der Straßenbahn nach Hause nach Eddersheim, machte mich frisch, bevor es gleich wieder zur Arbeit ging, die um 8:30 Uhr begann.

Ein unvergleichliches Endspiel – Finale gegen Real Madrid

18.5.1960, 19.30h	**Real Madrid – Eintracht Frankfurt 7:3 (3:1)**
Tore:	0:1 Kreß (18.), 1:1 di Stefano (27.), 2:1 di Stefano (29.), 3:1 Puskas (45.), 4:1 Puskas (56./Strafstoß), 5:1 Puskas (60.), 6:1 Puskas (70.), 6:2 Stein (72.), 7:2 di Stefano (73.), 7:3 Stein (75.)
Zuschauer:	127.621
Schiedsrichter:	Mowat/Schottland
Madrid:	Dominguez, Marquitos, Pachin, Vidal, Santamaria, Zarraga, Canario, del Sol, Gento, di Stefano, Puskas – Trainer Manuel Munoz
Eintracht:	Loy, Lutz, Höfer, Weilbächer, Eigenbrodt, Stinka, Kreß, Lindner, Stein, Pfaff, Meier – Trainer Paul Oßwald

Die Eintracht traf mittwochs zur Mittagszeit in Glasgow ein und verbrachte die letzten Stunden vor dem Spiel im St. Enoch-Hotel in der Innenstadt, wo sie vor dem Mittagessen und zwei Stunden Bettruhe von etwa 100 Anhängern mit Fahnen und Tröten begrüßt wurde. 3.000 deutsche Zuschauer erwartete man schließlich im Stadion, vor dem Programmverkäufer und Rosettenhändler (siehe z.B. Seite 109) (Rot-Gelb für Real, Schwarz-Weiß für Eintracht) an allen Ecken gute Geschäfte machten. Selbst die seriösesten Frankfurter Bürger sah man bald in typisch britischem Europa-Cup-Outfit. Acht Polizisten am Eingang des Stadions wiesen über Lautsprecher in Englisch, Deutsch, Französisch, Spanisch und Italienisch den richtigen Weg.

Real Madrid: Stehend von links nach rechts: Dominguez; Marquitos, Santamaria, Pachin, Vidal, Zarraga. Kniend von links nach rechts: Canario, del Sol, di Stefano, Puskas, Gento.

Tanzgruppen und Kapellen in der Landestracht sowie ein leichtathletischer Langstreckenlauf verkürzten den Zuschauern die Wartzeit.

Die Spanier blieben bis zum frühen Abend in Troon. Real Madrids Präsident Santiago Bernabéu sprach wenige Minuten vor dem Anpfiff in seinen typischen Worten zu den Spielern Reals: „Habt ihr schon mal wahrgenommen, was es bedeutet, viermal den Europacup gewonnen zu haben? Falls ihr es heute Nacht zum fünften Mal schafft, dann habt ihr die brillanteste Etappe von Real Madrid abgeschlossen. Denkt daran, dass jeder von uns fünf Sinne hat.

Die Ziffer 5 müsste deshalb die Wichtigste sein. Denkt daran, wie stolz diejenigen wären, die aus der Heimat gekommen sind, um Euch zu sehen, und auch die, die bereits außerhalb der Heimat leben, solltet ihr auch dieses Mal zum Triumph gelangen. Der spanische Pavillon und der von Real Madrid sind die Herausforde-

Wimpeltausch zwischen Pfaff und del Sol

Cover Piratenprogramme Finale 1 und 2.

Ein Blick in den Hampden Park

rung, die ihr heute zu verteidigen habt!" Vor Höfer, Pfaff, Kreß und Stein hatte man besonderen Respekt. Diese Vier wollte man ausschalten und glaubte, damit den Schlüssel zum Erfolg zu haben.

Jeder Spieler der Eintracht-Mannschaft, die die Umkleidekabine „Home Team" erhielt (Real „Visiting Team"), bekam von Paul Oßwald eine Zuordnung. So sollte sich Weilbächer um Puskas kümmern, Eigenbrodt um di Stefano, Stinka um del Sol und Lutz um Gento. Oßwald gab seinen Spielern noch auf den Weg: „Spielt nur euer Spiel! Nur keinen Respekt zeigen! Auch ihr könnt Fußball spielen!"

Die Endspielteams nehmen im Hampden Park Aufstellung
(Foto: Friedrich Messerer/Privatarchiv Astrid Best)

Mannschaftsaufstellung der Eintracht im Finale. Obere Reihe von links: Lindner, Lutz, Höfer, Stein, Pfaff, Meier. Untere Reihe von links: Kreß, Weilbächer, Loy, Stinka, Eigenbrodt.

Um 19:19 Uhr war der erste so genannte „Hampden-Roar" zu hören, der Schrei von über 100.000 Zuschauern. Beide Mannschaften betraten den Innenraum und grüßten das Publikum. Anschließend wurden die drei Nationalhymnen von Deutschland, Spanien und Großbritannien gespielt. Nachdem jeder Spieler der Glasgower Oberbürgermeisterin Jean Roberts vorgestellt wurde, jeder sich kurz warm gelaufen hatte und beide Mannschaften zum Mannschaftsfoto antraten, bat der Schiedsrichter zur Seitenwahl. Pfaff gewann und entschied sich für die Seite, unter der Torhüter Loy durch die tiefstehende Sonne dann sehr zu leiden hatte. Real durfte anstoßen. Um 19:30 Uhr erfolgt im strahlenden Sonnenschein (der auch das ganze Spiel über blieb) der Anpfiff zum fünften Finale um den europäischen Meistercup.

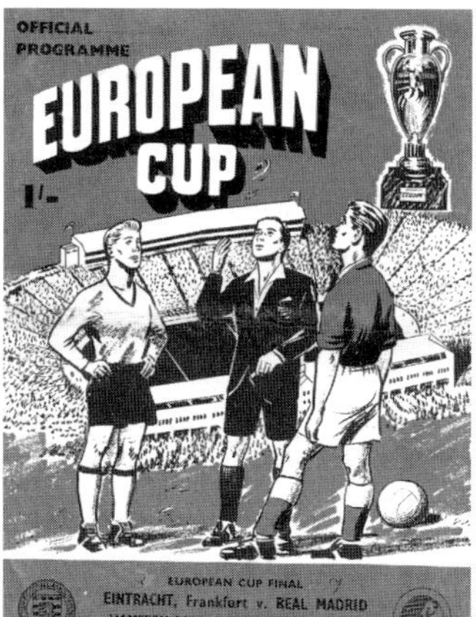

Offizielles Programm
Real - Eintracht

Aufstellung zu den Nationalhymnen

Das Spiel begann, wie Paul Oßwald es sich kaum hätte besser wünschen können. Zwar führte der erste Angriff auf das Tor der Eintracht, aber bei Egon Loy war gleich Schluss. Es war noch keine Minute des Spiels vergangen, als die (abgesehen von den weißen Ärmeln) ganz in rot spielende Eintracht ihre erste Großchance hatte. Der berühmte „Hampden-Roar" hallte wieder und wieder durch das Oval, als Eintrachts Linksaußen Meier mit links einen kräftigen Schuss auf das Tor Reals abfeuerte. Der angeschnittene Ball knallte aber nur gegen die Querlatte – Reals Torhüter Dominguez wäre geschlagen gewesen. Drei Minuten später bekam Erwin Stein auf dem rechten Flügel in Höhe der Mittellinie den Ball. Er passte zu Lindner, der aber schon kurz darauf steil an Kreß weitergab, der wiederum mit schnellem Antritt an Pachin vorbeilief und aus spitzem Winkel schoss – vergebens. Die Eintracht präsentierte sich mit ihren verblüffend kaltblütigen, weiträumigen Direkt- und Fernkombinationen ausgezeichnet. Die Stars der Spanier im weißen Dress kamen nicht klar. Reals Schatzmeister Saporta meinte später, er hätte sich zu diesem Zeitpunkt bereits darauf eingestellt, keine Siegesprämien auszahlen zu müssen. Währenddessen hatte sein Präsident Bernabéu eine erloschene Zigarette in der Hand und vergaß, sie wieder anzuzünden.

Die 6. Spielminute: Di Stefano versuchte, Ordnung ins Spiel Reals zu bringen. Mit einem flachen Ball schickte er del Sol, der aber mit seinem Schuss nur Friedel Lutz traf. Egon Loy sicherte sich den Ball. Vier Minuten später erschien Alfred Pfaff nach tollem Solo rechts seitlich des Real-Gehäuses. Eine kurze Flanke auf Erwin Steins Kopf, der nur noch einzunicken brauchte – doch Reals Verteidiger Santamaria kam ihm im letzten Moment zuvor und verhinderte das 1:0 für die Eintracht. Kurz darauf schoss Kress scharf vor das Tor. Doch Meier erreichte in Höhe des Fünfmeterraums nicht den Ball – Marquitos bugsierte den Ball mit einem Hackentrick ins Aus und erhielt dafür Szenenapplaus. Der erste Eckball für die Eintracht wurde zur zweiten Ecke geklärt. Und auch der dritte Eckstoß folgte bald. Real war immer noch nicht richtig im Spiel. Di Stefano kam nicht wirklich zum Zuge, Puskas konnte sich nicht einschalten, und Gento wurde von Friedel Lutz scharf überwacht.

1:0 für die Eintracht durch Richard Kress - Dominguez und Marquitos zu spät

18 Minuten waren vergangen, als Erwin Stein mit dem Ball auf den rechten Flügel auswich. Kreß lief etwas zurückhängend halbrechts hinter ihm her. Stein überlief den angreifenden Pachin und flankte knapp vor der Außenlinie und kurz bevor Zarraga ihn noch stören konnte kurz auf den weiter vorgelaufenen Richard Kreß, der den Ball aus der Luft nahm und mit dem Innenriss unhaltbar für

Das 1:0 aus einer anderen Persektive.

Fast das 2:0 durch Lindner

Dominguez ins rechte Eck des spanischen Tors beförderte. Die verdiente, fast schon überfällige Führung zum 1:0 war erzielt. Der Hampden Park dröhnte vor Beifallsbekundungen. Für die Spanier war der für sie ungewohnte „Hampden-Roar“ noch irritierend, während die Eintracht bereits vom Halbfinale den „Ibrox-Roar“ kannte.

Di Stefano rannte über den Platz und schnauzte seine Mitspieler an. Während die Frankfurter nachsetzen wollten, gab es bei Real einen Ruck durch das Team. Puskas rannte auf einmal am laufenden Band, während di Stefano überall zu sehen war. In der 20. Minute umspielte del Sol alle Gegner inklusive Loy, schoss aber am Tor vorbei. Drei Ecken hintereinander hatten die Spanier gegen die Eintracht, die dem aufkommenden Ballzauber ratlos entgegensah. In der 25. Minute dann eine neue Eintracht-Chance, doch Dominguez hielt den Schuss von Stein hervorragend. Fast ein Drittel des Spiels überstand die Eintracht ohne Gegentor, bis in der 27. Spielminute rechtsaußen der schnelle Brasilianer Canario Hermann Höfer überlief und auf den in der Mitte freiste-

Tor di Stefano zum 2:1

Ferenc Puskas überwindet Egon Loy

henden, zuvor 60 Meter vorgesprinteten di Stefano flankte. Egon Loy stand zu dicht neben dem rechten Torpfosten. Di Stefano nahm die ihm angebotene Ecke an und erzielte das 1:1.

Der Vorteil der Eintracht war dahin und Real Madrid in Fahrt. Kurz nach dem Ausgleich drang Canario in die Mitte und schoss flach auf das Tor. Loy sprang in die Gefahrenzone, konnte allerdings den Ball nicht festhalten. Er sprang ihm weg, vor die Füße von di Stefano, der ihn aus der Drehung zur spanischen Führung unter die Querlatte donnerte. Es war ein unglücklicher, da vermeidbarer Rückstand für die Frankfurter Eintracht, doch Real ließ im Gegensatz zur Eintracht kaum eine Torchance aus. Der nicht aufgestellte Adolf Bechtold hielt es auf der Eintracht-Bank schon längst nicht mehr aus und ging hinter Egon Loys Tor. Paul Oßwald reagierte und ließ in der Folge Weilbächer und Eigenbrodt die Plätze tauschen. Real-Präsident Bernabéu erinnerte sich endlich seiner Zigarette und zündete sie wieder an.

Die Eintracht gab nicht auf. Eine Stein-Flanke nahm Meier auf, verschoss aber. In der 40. Minute versuchte del Sol, aus 20 Metern Entfernung das Eintracht-Tor zu treffen, doch Höfer konnte mit dem Kopf zum Pfosten abfälschen. Die Hoffnung der Frankfurter Anhänger, die inzwischen an die Wand gespielten Hessen könnten mit dem knappen Rückstand in die Pause gehen und dort von Paul Oßwald rettende taktische Vorgaben erhalten, um das Spiel wieder ausgeglichener gestalten zu können, bekamen trotz des unermüdlichen Weiterkämpfens kurz vor dem Halbzeitpfiff einen Dämpfer. Bravourös rettete Eigenbrodt für den bereits geschlagenen Loy gegen del Sol, als er ihm vor dem leeren Tor den Ball vom Fuß holte. Doch statt das Leder weg zu schlagen, legte er sich dieses zu weit vor. Ferenc Puskas erfasste die Lage, lief ihm entgegen, trickste ihn elegant aus und schoss aus spitzem Winkel ins Eintracht-Tor. Der Schuss war so stark, dass Loy keine Abwehrmöglichkeit mehr hatte. So stand es 3:1 für Real. Puskas drehte sich triumphierend zu allen Seiten des Publikums.

Halbzeitpause im Endspiel: Alfredo di Stefano und eine musizierende, schottische Highlandkapelle

Dieser Treffer war letztlich wohl für den einen oder anderen Spieler der psychologische Knacks, der nicht mehr reparabel war, und damit die Vorentscheidung brachte.

Die erste Halbzeit hatte viel Kraft gekostet. Die Chancen, das Blatt zu wenden, standen nicht gut. Auf den Rängen fragte man sich, ob die Eintracht nun einbrechen würde. Doch die Frankfurter überraschten die Zuschauer in der zweiten Halbzeit und hatten eine unglaubliche Moral. Jeder zeigte einen Einsatz, als stände es noch unentschieden. Einen scharfen Schuss von Erwin Stein konnte Dominguez gerade noch unter der Latte abwehren. Richard Kreß umspielte immer wieder zahlreiche Spanier und bekam dafür Beifall auf offener Szene.

Dann brach die 56. Spielminute an. Sie sollte zum Leidwesen der Eintracht und des Publikums mit einer Fehlentscheidung des Schiedsrichters die Entscheidung des Spiels bringen. Gento drang – von Friedel Lutz verfolgt – in den Strafraum ein. Beide gerieten scheinbar aneinander. Gento wurde vom Ball getrennt, fiel aber nicht einmal. Lutz behauptete später absolut glaubwürdig, dass Gento ihn sogar weggedrückt hätte. Schiedsrichter Mowat pfiff, entschied aber weder auf einen Freistoß für die Eintracht, noch

Eintracht
FRANKFURT

FAN- & FÖRDERABTEILUNG

Eintracht Frankfurt ist gleichbedeutend mit Tradition und Erfolgen, aber auch mit Niederlagen und Enttäuschungen. Durch dieses Wechselbad der Gefühle wurde über die Jahrzehnte ein besonderes Band zu den Fans geknüpft, welches die "Faszination Eintracht Frankfurt" kennzeichnet.

Insbesondere nach dem ersten Bundesligaabstieg 1996 ist ein Fanumfeld entstanden, um das wir von vielen beneidet werden.

Damit dies auch so bleibt, haben engagierte Mitglieder am 11.12.2000 die Fan- und Förderabteilung ins Leben gerufen. Mit knapp 1300 Mitgliedern ist sie inzwischen die zweitgrößte Abteilung von Eintracht Frankfurt e.V. (Stand: Juli 2004).

Die Fan- und Förderabteilung sieht ihren Schwerpunkt bei der Durchsetzung von Faninteressen und der Förderung des Gesamtvereins.

Unterstützt unsere Arbeit und werdet Mitglied - beim interessantesten Traditionsverein Deutschlands!

- > **Für alle Aktivitäten der Fanabteilung gibt es besondere Konditionen für Mitglieder!**
- > **Bevorzugter bzw. exklusiver Zugang zu bestimmten Leistungen** (wie z.B. Auswärtsfahrten zu Amateuren und Profis, Länderspiel-Tickets, Mainz-Schiff, Saisonabschluss-Fete)
- > In den Mitgliedsbeiträgen ist der **Bezug der Stadionzeitung und des Vereinsmagazins** enthalten.
- > **Anspruch auf ermäßigte Dauerkarten** (Saison 2004/2005 z.B. für Block 32 B für 181,30 EUR statt 245.- EUR, Ersparnis 63,70 EUR!)
- > **Vergünstigter Eintritt** bei den Heimspielen der Eintracht-Amateure
- > **Ermäßigungen für Sonderfahrten** zu Auswärts- oder Länderspielen
- > **Saisonabschlussfeier** für Mitglieder der Fan- und Förderabteilung
- > **Volles Stimmrecht** bei den Mitgliederversammlungen des Vereins und der Abteilung
- > Die **Möglichkeit der aktiven Mitarbeit** in der Fanabteilung
- > Als aktives Mitglied: **die Möglichkeit, im Verein Sport zu treiben**
- > **Online-Buchung** von Veranstaltungen der Fanabteilung unter www.fanabteilung.de und vieles mehr!

Beitragsgruppen	**Monatsbeitrag Seit 1.7.2004 nur noch**
Familien	7,00 €
Normale Mitglieder	4,00 €
Studenten, Schüler und Azubis **(neu, gegen Nachweis)**	2,00 €
Mitglieder von 7 bis 17 Jahren	2,00 €
Mitglieder mit 1. Wohnsitz im Ausland	2,00 €
Arbeitslose (gegen Nachweis)	beitragsfrei
Mitglieder von 0 bis 6 Jahren	beitragsfrei

Kontakt

Eintracht Frankfurt e.V.
Fan- und Förderabteilung
Gustav-Behringer-Str. 10
D-60386 Frankfurt am Main

e-Mail: info@fanabteilung.de

Besucht uns im Internet: www.fanabteilung.de

Mitglied werden!

Jetzt Mitglied werden! **Die Fan- und Förderabteilung hat zum 1. Juli 2004 die Mitgliedsbeiträge erne um bis zu 71% gesenkt!** Mitglieder zahlen nur noch 4 €, Schüler und Studenten gegen Nachweis nur 2 Familien nur 7 € pro Monat, bei vorübergehender Arbeitslosigkeit gegen Nachweis beitragsfrei! Die Aufnahm gebühr beträgt 20 €. Eine Übersicht der Beiträge befindet sich auf der Vorderseite dieses Dokumentes.

Einsenden an:

Eintracht Frankfurt e.V.
Fan- und Förderabteilung
Gustav-Behringer-Str. 10

D-60386 Frankfurt am Main

Eintracht FRANKFURT

Antrag auf Mitgliedschaft

ab __.__.____

☐ Aktiv ☐ Passiv für die Abteilung: **Fan- und Förder** (i.d.R. Passiv ankreuzen)

Name: ______________________

Vorname: ______________________

Straße: ______________________

PLZ Ort: ______________________

Telefon: ______________________

Beruf: ______________________

Geb.Datum: ______________________

E-Mail: ______________________

Familienstand: ☐ ledig ☐ verh. ☐ verw. ☐ gesch.

Einzugsermächtigung - Bis zum jederzeit möglichen Widerruf ist die Eintracht ermächtigt, die Abbuchung der fälligen Beträge von folgendem Konto zu veranlassen: ☐ jährlich ☐ 1/2-jährlich

____

Postgiro, Bank, Sparkasse (nur Giro-Konto)

____

Bankleitzahl

____

Konto-Nummer

____

Name des Kontoinhabers

____

Eigenhändige Unterschrift

____

Bei Minderjährigen Unterschrift der Eltern oder des ges. Vertreters

______________________, den ______________________

Ort Datum

Mir ist bekannt, dass sich die Bedingungen der Mitgliedschaft nach der jeweiligen Satzung von Eintracht Frankfurt e.V. richten. Die Abteilungen sind berechtigt, Sonderbeiträge zu erheben.

Alle Infos über die Fan- und Förderabteilung und den Mitgliedsantrag gibt es im Internet unter
www.fanabteilung.de

Weilbächer, Zarraga, Dominguez und Lindner

auf einen indirekten Freistoß für die Spanier wegen Sperrens ohne Ball. Der Schotte, der selbst nur wenige Meter vom Strafraum entfernt stand, nahm erst mit seinem Linienrichter Kontakt auf, um zu klären ob sich die Szene noch außerhalb oder innerhalb des Strafraum abgespielt hatte, und entschied danach auf Strafstoß für Real. Selbst die Spanier bestritten die Berechtigung der Entscheidung nach dem Spiel. (Wer sich heute die Szene auf Video sieht, kann die Welt nicht verstehen – es ist nichts zu erkennen, was einen Strafstoß rechtfertigen würde!) Puskas schüttelte den Kopf, trat dann aber an und verwandelte sicher zum 4:1. Die Spieler der Eintracht zeigten sich sportlich einwandfrei – sie hatten nicht einmal reklamiert und fügten sich in ihr Schicksal.

Di Stefano und Puskas zeigten nun Kunststückchen am laufenden Ball und erhielten vom objektiven Publikum Szenenapplaus. Die Spanier zeigten einen Traumfußball, der nie besser gewesen sein soll. In der 60. Minute

Lindner gegen Reals Marquitos, Vidal, Dominguez, Pachin und Zarraga

flankte Gento vor das Tor der Frankfurter. Puskas drückte das Leder mit dem Kopf ins die kurze Ecke. Ein Rettungsversuch von Eigenbrodt scheiterte. 5:1!

Zwei Minuten später wieder eine Möglichkeit für die Eintracht. Stein gab eine Bilderbuchflanke herein, die Lindner vergab. Ein Angriff nach dem anderen rollte auf das Eintracht-Tor. In Parallele zum 5:1 setzte Puskas in der 69. Minute zu einem neuen raffinierten Kopfball an, den Loy diesmal wegfausten konnte. Kurz darauf endete ein gefährlicher Eintracht-Angriff mit einem Schuss an der Latte. Der Nachschuss von Stinka flog neben das Tor. Es folgte erneut ein schneller Angriff der Spanier. Der ungedeckte Puskas schoss halbhoch aus der Drehung seinen vierten Treffer, zum 6:1.Bevor zwei Minuten später die nächste gefährliche Szene zu sehen war, ereignete sich bei einem Eintracht-Angriff die einzige Abseitssituation des Spiels. Anschließend – von Pfaff klug eingesetzt – konnte Erwin Stein einen Schuss an Dominguez vorbei in Madrids Tor unterbringen. Die Eintracht hatte auf 6:2 verkürzt.

Real musste anstoßen. Fast 40 Meter lief di Stefano mit dem Ball vom Halbkreis bis zum deutschen Strafraum. Weilbächer, der zuvor vom Real-Star ausgetrickst wurde, kam einfach nicht nach. Genau flach neben dem

Das letzte Tor: 3:7 durch Erwin Stein

Glänzende Abwehrparade durch Eintracht-Keeper Egon Loy gegen del Sol

Pfosten rollte der Ball zum 7:2 über die Linie. Es war gerade eine Minute nach dem letzten Tor vergangen.

Und auch in der nächsten Spielminute sollte ein Treffer fallen. Reals rechter Läufer Vidal gab einen Ball zu kurz an seinen Torhüter zurück. Geistesgegenwärtig lief Erwin Stein dazwischen und ließ Dominguez keine Chance. Der dritte Frankfurter Treffer war gefallen.

Weitere 17 Spielminuten waren noch zu absolvieren. In der 82. Minute hatte Lindner die Möglichkeit zum vierten Eintracht-Treffer, als er eine Kreß-Vorlage verwerten wollte, aber am Tor vorbeischoss. Wenig später traf Gento den Pfosten, bevor in der 86. Minute erneut di Stefano vor dem Eintracht-Tor auftauchte, aber ebenfalls vergab – wieder landete das Leder am Pfosten. Kurz darauf war das Finale, das so bedeutsam wurde, weil die Eintracht das Spiel nicht durch Mauern über die Zeit bringen wollte, sondern gefälligen Offensiv-Fußball zeigte, zum Leidwesen der begeisterten Zuschauer beendet. Weniger als ein Dutzend Mal war der Ball während der gesamten Spielzeit aus dem Spielgeschehen geraten. Unglaublich!

Endlich den Pokal in der Hand

Ferenc Puskas überließ Weilbächer den Endspielball. Die Spieler beider Mannschaften nahmen sich gegenseitig in die Arme. Als die Spanier mit der Trophäe von ihrer Ehrenrunde zurückkamen und zum Ausgang gingen standen diesmal die Frankfurter Spieler im Spalier und klatschten, wie es zwei Wochen zuvor die Spieler der Rangers für ihre Bezwinger taten. Die Zuschauer blieben auch noch auf den Rängen, als die Spieler längst durch den Tunnel verschwunden waren. Man wollte nach diesem Spiel einfach nicht den Heimweg antreten. Paul Oßwald munterte inzwischen seine niedergeschlagenen Männer auf: „Was ist denn los? Ihr habt anständig verloren! Sportlich, das ist wichtig! So, und nun wird gesungen! Auch in der Niederlage!" Kurz darauf begann Hans Weilbächer mit „So ein Tag, so wunderschön wie heute ...", aber viel langsamer als in den Monaten zuvor. 20 Minuten lang gab die Menge im Stadion keine Ruhe, bis beide Mannschaften auf den Platz zurückkehrten und die Ovationen der Zuschauer entgegen nahmen. Drei- oder viermal wurden die Spieler aus den Kabinen zurückge-

Shakehands nach dem Abpfiff

Siegerrunde

Jubelnde spanische Anhänger am Spielfeldrand

rufen. Eine dreiviertel Stunde dauerte die ungewöhnliche „Verlängerung". Die Fußballanhänger wollten einfach nicht gehen, als ob sie glaubten, das Spiel wäre ein Traum gewesen. Puskas erklärte später, dass selbst Real sich nicht von Glasgow lösen konnte und noch einen Tag länger vor Ort blieb, so sehr sei man gefeiert worden.

Beim üblichen Bankett nach dem Spiel erhielten die Frankfurter Spieler von Real Madrid schwergoldene Uhren. Eintracht-Präsident revanchierte sich mit Brieftaschen, die die Spanier gleich mit ihren 40.000 Peseten Siegesprämie hätten füllen können (umgerechnet ca. 2.800 Mark). Die Eintracht-Spieler mussten nach ihrem Amateurstatus mit jeweils 500 Mark Vorlieb nehmen. (Im Fall des Sieges wären es gemäß deutscher

Dinner

GROSVENOR RESTAURANT, GLASGOW

European
Champion Clubs Cup

FINAL TIE

EINTRACHT, FRANKFURT v. REAL MADRID

WEDNESDAY, 18th MAY, 1960

Chairman
R. KELLY, Esq., J.P. (President, The Scottish F.A.)

Menukarte zum Final-Bankett: Porre Suppe, Gegrillter "Tay" Salm in pikanter Sauce, schottischer Rinderbraten / gebackene Pute / Ayrshire Schinken / Clydesdale Salat mit überbackenen Kartoffeln, Zitronen Auflauf mit frischer Sahne und Petits Fours sowie Kaffee

Steuerregeln 1.000 Mark gewesen.) 75 Prozent der Einnahmen gingen an beide Vereine, was inklusive der Fernsehgelder eine Rekordsumme von jeweils 285.700 Mark bedeutete.

Am Donnerstagmorgen brach die Organisation am Flughafen in Glasgow zusammen: Quasi gleichzeitig hatten sich Fans vor den Abfertigungsschalter postiert, die mit insgesamt 12 Chartermaschinen ihren Heimweg antreten wollten. Am Abend landete die Eintracht wieder in Frankfurt. Man freute sich über die Begrüßung durch begeisterte Anhänger am Flughafen.

Oben rechts:
8mm-Film des Endspiels

Unten rechts:
Ariola-Schallplatte mit Hörfunkreportage von Kurt Brumme

Rosetten des Endspiels

Die Fernseh-Aufzeichnung des Spiels gilt heute noch als Lehrfilm für Fußballer. Die Live-Übertragung nach Deutschland mit dem Kommentar von Rudi Michel stand allerdings unter keinem guten Stern. Erst überzog die TV-Werbung, wodurch die ersten viereinhalb Minuten des Spiels nicht zu sehen waren, danach folgte eine Bildstörung, später noch mehrere. Bei Ariola erschien später eine Schallplatte mit Ausschnitten der Radioübertragung durch Kurt Brumme. Titel: Das ist Weltklasse!

Schlagzeilen:

- 7:3 sagt nicht die Wahrheit (Kicker)
- In den ersten 20 Minuten vergab die Eintracht alles (Sportmagazin)
- Das Wunder von Glasgow blieb aus (Abendpost)
- Dieser Elfmeter brach Eintracht das Genick – Schiedsrichter ein glatter Versager (Frankfurter Nachtausgabe)
- Real hätte jede Nationalmannschaft der Welt geschlagen (Daily Herald)
- 25 Minuten sah Eintracht wie die bessere Mannschaft aus (Daily Expreß)
- Das beste und reichste aller Europapokal-Endspiele (L'Equipe)
- Die Eintracht war ein würdiger Gegner (Aribo)

Richard Kress und Gento nach dem Abpfiff

Stimmen zum Spiel

Eintracht-Trainer Paul Oßwald:

„Die Abwehr hat nicht einfach genug gespielt. So fielen die drei Tore vor der Pause. Der Elfmeter war eine lächerliche Entscheidung. Ich erkenne an, dass Lutz einen Fehler beging, aber kein Foul. Er sperrte. Aber die Mannschaft ist mit wehenden Fahnen untergegangen, hat nie aufgesteckt und immer wieder angegriffen."

Eintracht-Präsident Rudi Gramlich:

„Wer so Fußball spielt, der denkt nicht an die Prämie, den erfasst einfach die Leidenschaft zum Spiel."

Real-Präsident Santiago Bernabéu unter Tränen:
„Es lebe Spanien! Es lebe Real! Es lebe Deutschland!"

Richard Kreß:
„Die bessere Mannschaft hat gewonnen."

Ferenc Puskas:
„Ein faires Spiel, wobei das Beste daran der Deutsche Kreß und das schottische Publikum waren. Der für uns verhängte Elfmeter wäre bei uns in Spanien niemals ein Elfmeter gewesen. Aber was sollte ich machen? Fußball ist mein Beruf. Und so hatte ich die Pflicht, den Ball ins Tor zu schießen. Das ist die glücklichste Stunde meines Lebens."

Hans Weilbächer (11 Jahre später):
„Di Stefano war wohl der stärkste Gegenspieler, gegen den ich je spielen musste. Aber wenn ich es heute noch einmal zu tun hätte, würde ich es anders machen. Ich würde ihm nicht mehr nachrennen bis in den anderen Strafraum, wo er sich die Bälle holte. Wir mussten dann eine andere taktische Einstellung finden. Wir hätten statt der Manndeckung vielleicht schon damals den Libero erfinden müssen, wie er heute üblich ist. Aber trotz allem bleibt es für mich neben dem Endspiel gegen die Kickers meine schönste Erinnerung."

Real-Manager Emilio Östreicher:
„Etwas nervös Real zu Anfang, als die zwölf Eintracht-Tore gegen die Rangers noch vor aller Augen standen. Aber dann erlebten wie wieder einmal: Es gibt nur ein Real! Alle Spieler bedanken sich für das gute und faire Spiel der Deutschen."

DFB-Bundestrainer Sepp Herberger:
„Das in der ersten Halbzeit verpasste 2:0 – vor allem aber das Unglückstor so kurz vor der Halbzeit – hat der Mannschaft psychologisch das Rückgrat gebrochen, und der unnötige Elfmeter hat ihr den Rest gegeben. Die Spanier hätten 15 Tore machen können – so überlegen waren sie."

UEFA-Präsident Ebbe Schwartz:
„Das beste der bisherigen fünf Endspiele! Dazu gehören ja Zwei, was der Eintracht zur Ehre gereicht."

Egon Loy (11 Jahre später):
„Unser Pech war wohl, dass wir zum Zeitpunkt des Endspiels über den Höhepunkt unserer Form hinaus waren. Den hatten wir im Halbfinale bei den Spielen gegen

Glasgow Rangers. Aber noch sind wir der einzige Deutsche Meister, der in einem Europapokalendspiel stand. Und die Bedingungen waren ja wohl schlechter damals.“

Stanley Rous zur ersten halben Stunde:
„Die Eintracht sah wie ein Sieger aus!“

Hermann Höfer (im Jahr 1971):
„Ich habe das Spiel zwar erlebt, aber ich hatte es noch nie wieder aus der Distanz gesehen. Erst jetzt im Juni, als ich mit unserer Mannschaft in Kenia war, sahen wir in einem Privatklub zusammen mit Kenias Nationalmannschaft den Film. Seitdem bin auch ich sicher: Es ist keine Glorifizierung der Vergangenheit. Es war wirklich ein großartiges Spiel. Und auch wir haben gut gespielt. Es war für mich und Friedel Lutz eine Genugtuung, wie die anderen unserer heutigen Mannschaft beeindruckt waren. Was ihnen besonders imponierte, war die Tatsache, wie wir um das Ergebnis gekämpft haben. Auch noch bei einem Rückstand von 1:6. Aber wenn ich mich an meine Gefühle von damals erinnere, so meine ich doch, dass ich sehr deprimiert war.“

DFB-Präsident Peco Bauwens:
„Wir erlebten ein herrliches Fußballfest, zu dessen Gelingen der deutsche Vertreter maßgeblich beitrug.“

Dieter Lindner (11 Jahre später):
„Für mich ist die Real-Mannschaft jener Tage unerreicht. Ich habe sie damals erlebt. Ich habe sie dann auch noch von der Tribüne aus gesehen. Und ich meine, so etwas wird es nicht mehr geben. Das war eine Ansammlung exzellenter Fußballer und trotzdem – ich sage bewusst trotzdem – war das mannschaftliche Verständnis einfach traumhaft. Sie hatten in di Stefano einen Kopf, der seine genialen Gedanken – wenn man im Fußball von genial reden darf – allen vermittelte, auch zu einer Zeit, wo es besser für uns als für Real aussah. Alle waren schon ausgekochte Profis. Bei jedem Kopfball spürte ich so einen kleinen Ruck nach unten.

Kicker-Korrespondent Dr. Friedebert Becker:
„5:3 wäre gerechter gewesen, weil die Madrider bei ihren Treffern genauso viel Glück hatten, wie die Frankfurter bei ihren zwingender erspielten Chancen Unglück.“

Jimmy Greaves (mit der englischen Nationalmannschaft in Budapest vor dem TV-Bildschirm):
„Wir haben niemals so etwas wie das gesehen. Real war wie von einem anderen Planeten. Wir haben alles mit offenen Mündern verfolgt.“

Bobby Charlton (ebenfalls in Budapest):
„Mein erster Gedanke war, dieses Spiel ist ein Schwindel, geschnitten, ein Film, weil diese Spieler Dinge taten, die nicht möglich sind, nicht real, nicht menschlich!“

Real-Schatzmeister Saporta:
„Wenn das 2:0 gefallen wäre – übrigens durchaus dem Spielverlauf entsprechend – dann hätten wir den Pokal vielleicht nicht mehr in unser Fenster stellen dürfen.“

Friedel Lutz:
„Wenn wir 3:0 geführt hätten, hätten wir auch verloren.“

Wie Frankfurt das Finale erlebte

„Wie haben Sie gewettet?" fragte der Friseur seinen Kunden am Morgen. „Soll ich die Koteletten so lang lassen?" Der Kunde bejahte und ... bekam sie abgeschnitten. „Die Eintracht hat 4:0 gewonnen" erzählte ein Spaßvogel um 18:00 Uhr, eineinhalb Stunden vor dem Anpfiff. Kurz darauf rief jemand „Es steht 2:0!". Es gab kein anderes Gesprächsthema als das Finale von Glasgow. Um 19 Uhr hatten es die Menschen am Hauptbahnhof eilig. Man konnte erkennen, wer nach Hause wollte und noch schnell in die Straßenbahn sprang. „6:2" lautete der Tipp eines Mädchens – doch für wen, sagte sie nicht.

Während in Glasgow die Sonne schien, regnete es das eigentliche Wunschwetter der Eintracht für das Finale stattdessen in Frankfurt. In den Gaststätten hatte man sich auf den Zulauf vorbereitet: Kneipen hatten plötzlich Fernsehgeräte und erfreuten sich großen Andrangs.

19:15 Uhr in der Gaststätte von Alfred Pfaff. Er war natürlich nicht da – dafür aber viele seiner Freunde und noch viel mehr Fußballanhänger. Von einem Fernsehapparat wurde das Bild auf eine Leinwand projiziert. Als das Spiel bereits hätte laufen sollen, war immer noch Onkel Otto von der Werbung des Hessischen Fernsehens zu sehen. Man wurde nervös – und es gab bereits nur noch Flaschenbier. Eintracht-Fan Ed wurde überraschend entdeckt. Sollte er nicht in Glasgow sein? Er schaut ganz traurig: „Ich habe die Fahrkarte schon bezahlt gehabt. Da fiel der Zug aus."

Eine Tafel mit dem Text „Die internationale Strecke ist unterbrochen" sorgte schon bald nach dem Empfang der ersten Bilder aus dem Hampden

Park für große Unruhe. Kommentator Rudi Michel ging zur Radioreportage über.

Auf der Zeil übertrug ein Kino das Spiel auf einer großen Leinwand. Für 3 Mark konnte man es sehen. Und man war bereits frühzeitig ausverkauft. Ein Kaufhaus gegenüber nutzte die Stunde, ließ schwarz-weiße Fahnen wehen und verkündete gar auf Spruchbändern „Herzlich willkommen!" Ein Ober eines Restaurants an der Hauptwache ließ es sich nicht nehmen, seinen Gästen leise zuzupflüstern, dass die Eintracht 1:0 führe.

Empfang nach dem Finale in Frankfurt.
Im Auto Rudi Gramlich, Ernst Berger und Paul Oßwald

Um 20:10 Uhr war die Stimmung bei Pfaffs gedämpft. Real führte 2:1. Doch als Rudi Michel ankündigte, es wären nur noch zwei Minuten in der ersten Hälfte zu spielen, brüllte ein Fan: „Wenn es jetzt doch nur 1:1 stehen würde!" Ed rief:" Auf jetzt, Alfred!" Wäre der Zug nach Glasgow fahren, hätte Alfred Pfaff ihn gehört.

Die zweite Halbzeit lief bereits ein paar Minuten, als es plötzlich Schimpfwörter hagelte. Es wurde auf Elfmeter gegen die Eintracht entscheiden. Männerfäuste umspannten die Bierflaschen. Frauenarme legten sich besänftigend um breite Schultern. „Wenn ich den Schiedsrichter da hätte", knirschte einer der Gäste.

Wer in Sachsenhausen beim Stande von 5:1 für Real um kurz vor 21 Uhr an verschiedenen Kneipen vorbeilief, konnte nur staunen, was das für ein Spiel sein musste, als fast im Minutentakt aus den Kneipen ein lautes Schreien aufgrund der immer wieder neuen Spielstände zu vernehmen war.

Nicht zu glauben war das alles für einen Bonner Fußballfreund, der sich in einer Wette verpflichtet hatte, im Falle eines Real-Sieges eine Stunde im Schlafanzug durch seine Heimatstadt zu laufen. Und so wurde er schließlich von vielen Passanten mit der leichten Kleidung beim Marsch durch die Innenstadt gesichtet – mit großen Schildern auf Brust und Rücken: „Eintracht Frankfurt hat verloren"

Der Festzug am Main

Der Regen hatte sich vorerst verzogen. Nach der Landung der Mannschaft auf dem Flughafen mit eineinhalb Stunden Verspätung und einem Zwischenstopp an der Sportschule formierte sich eine Fahrzeugschlange an der Villa Mumm. Ein Spielmannszug, ein Bläserkorps sowie die Spielerfrauen und die Kinder warteten bereits. Für den Vorstand wurde ein Oldtimer von 1910 und für die Mannschaft drei zünftige Bierwagen organisiert. Dann setzte sich der Zug in Bewegung, der über die Friedensbrücke durch voll gestopfte Straßen mit geschmückten Häusern und 50.000 bis 60.000 jubelnden Menschen Richtung Frankfurter Römer führte. Dabei stiegen Raketen auf, baumelten Papierschlangen aus den Steinklötzen der Kaiserstraße, hingen überall große und kleine schwarz-weiße Fahnen und Fähnchen und regnete es auch mal Konfetti. Frankfurt sang und schunkelte. „Hipp-hipp, hipp-hipp hurra! Die Eintracht wird Meister im nächsten

Empfang im Römer

Jahr!", riefen junge Leute überall. Der tröstende Beifall und Jubel der geduldigen – da lange wartenden – Menschen sorgte dafür, dass der Funke auf die Mannschaft übersprang und die Fahrt eine fröhliche wurde.

Auf dem Vorplatz des Römers, wo 1.000 Polizisten schwerste Arbeit leisteten, wurde die Mannschaft herzlich vom Fußballvolk empfangen, als wieder erste Regentropfen fielen. Hier hatte sich eine Menschenmauer aufgebaut, die mächtiger als im Meisterjahr war und schon seit Stunden Trompeten, Kuhglocken und Hörner klingen ließ. Stadtrat Dr. Reinert, der den in Paris weilenden Oberbürgermeister Bockelmann vertrat, hielt eine Dankesrede und meinte unter anderem: „Sie haben durch Ihre Haltung und Ihr Auftreten eine Stadt im Sturm erobert. Sie haben eine völkerversöhnende Aufgabe erfüllt. Und darum gebührt Ihnen der Dank der Stadt und seiner Bürger." Traurige Gesichter gab es schon längst keine mehr.

Anschließend folgte ein lustiger, familiärer Abend gemeinsam mit Bundestrainer Sepp Herberger im Zoo-Gesellschaftshaus, an dem sich wie im Vorjahr bei der Meisterfeier auch Otto Höpfner und die Mainzer Hofsänger beteiligten. Vom Rang des großen Saals aus hing ein Transparent: „Es gibt kaan Verein uf der weite Welt, der mir so wie ma Eintracht gefällt ... und es will mir net in de Kopp enei, wie kann nur de Europacup net de Eintracht sei."

EINTRACHT
HAMPDEN 1960
REAL MADRID
HAMPDEN 1960

Nachtrag

HAMPDEN
PlayStation 2
MasterCard
AMSTEL BEER

Nachtrag

23 Spieler setze Real Madrid in den sieben Spielen bis zum Gewinn des Titels ein und verzichtete dabei völlig auf einen Einsatz des brasilianischen Weltmeisters Didi. Zum Vergleich: die Eintracht griff nur auf 14 Spieler zurück. (genaue Statistik auf den folgenden Seiten)

Der Sieger hatte nach diesem fünften europäischen Titel hintereinander den Fußball-Gipfel erreicht. Die Ehrungen, mit denen Spieler und Klubführung von offiziellen spanischen Stellen, Klubmitgliedern und Zuschauern überschüttet wurden, konnte man nicht mehr zählen – von den Glückwünschen aus aller Welt ganz zu schweigen. Für Alfredo di Stefano – und nur für ihn – hatte sich der Klub selbst etwas Besonderes ausgedacht: Er, der außer Gento der einzige Spieler war, der an allen fünf europäischen Endspielen teilgenommen hatte, erhielt eine bei einem Goldschmied in Auftrag gegebene Trophäe: Fünf kleine Europapokale aus Gold – jeweils etwa 5 Zentimeter hoch – auf einem Sockel stehend. Die Mannschaft bekam einen königlichen Empfang in Madrid. In offenen Autos wurden die Sieger durch die Straßen der Hauptstadt gefahren und dabei von Blumen überschüttet umjubelt.

Nur wenige Wochen nach dem Endspiel-Sieg von Glasgow bot sich den Madrilenen die Gelegenheit, noch den Weltpokal zu gewinnen, für den man sich mit dem Sieg qualifiziert hatte. Dieser Kräftevergleich zwischen dem Klubmeister Europas und dem Meister Südamerikas wurde zum ersten Mal ausgetragen, nachdem die Südamerikaner einen mit dem europäischen Wettbewerb vergleichbaren Titelkampf erstmals ausgetragen hatten. Am 16. Juli hatte ein nicht enden wollender Regenguss das Stadion in Montevideo fast in einen See verwandelt und ließ kaum ein vernünftiges Spiel zu, als Real gegen den aus Uruguay stammenden Südamerikameister Penarol Montevideo antrat. Dieses Spiel endete 0:0. Am 3. September im Bernabéu-Stadion sorgte Real im Rückspiel für einen kurzen Prozess. Nach drei Minuten stand es durch Puskas und di Stefano bereits 2:0. Noch einmal Puskas sowie Herrera und Gento schlugen später zu. 5:1 stand es am Ende. Der erste Weltpokalsieg ging an Real Madrid.

Spanischer Meister wurde allerdings der FC Barcelona, der sich auch den Sieg in der zweiten Austragung des Messepokals sicherte. Natürlich war Real als Titelverteidiger wieder am Start der folgenden Europapokalsaison und bekam auch entsprechend für die erste Runde ein Freilos – vier Jahre in Folge startete man ohne Notwendigkeit der Qualifikation durch den

Erwin Stein 2002 im Hampden Park (Foto: Privat)

Gewinn der nationalen Meisterschaft im Achtelfinale des wichtigsten Wettbewerbs. Doch die Auslosung zur zweiten Runde der Saison 1960/61 war der Beginn des Absturzes der bis dahin weltbesten Vereinsmannschaft: Der Gegner hieß: FC Barcelona – der Klub, den man wie keinen anderen fürchtete und dessen finanzielles Überleben in jenem Jahr ausschließlich von den Einnahmen im Europapokal abhing. Am 9. November begann in Madrid das Unheil Reals in der 87. Minute: ein Strafstoß für Barcelona erzwang ein 2:2. Das Rückspiel, in dem für beide Vereine alles auf dem Spiel stand, war davon geprägt, dass zahlreiche Tore fielen, aber aus verschiedenen Gründen nicht anerkannt wurden. Trotz teilweise ausgezeichneten Spiels verlor Real mit 1:2 und war ausgeschieden. Auch tätliche Angriffe einiger Spieler auf den Schiedsrichter änderten daran nichts mehr. Zwar gelang Real in dieser Saison noch ein überlegener Sieg der Spanischen Meisterschaft, und Endspielteilnahmen im europäischen Meistercup folgten in den Jahren 1962 und 1964, doch die Zeit des Abonnements auf die europäische Krone war vorbei.

Die Eintracht hatte nach der Niederlage gegen Real Madrid – wie bereits erwähnt – noch Pokalspiele auszutragen. Hätte man den DFB-Pokal gewonnen, so hätte man sich damit gleichzeitig für den in der Saison 1960/61 erstmals ausgetragenen europäischen Pokalsiegerwettbewerb qualifiziert. Doch das Endspiel gegen den Karlsruher SC im Süddeutschen Pokal endete 1:2. Die Karlsruher schlugen in der nächsten Runde Pirmasens und scheiterten dann im DFB-Pokalfinale gegen Borussia Mönchengladbach. Die Borussen wiederum trafen im ersten europäischen Spiel – gleich das Viertelfinale – auf die Glasgow Rangers, die das Spiel in Deutschland 3:0 und im Ibrox Park 8:0 (!) gewannen und die Endspiele gegen den AC Florenz erreichten. Hätte, wenn und aber …

Eintracht Frankfurt konnte man im Landesmeistercup bzw. der späteren Champions League leider nicht mehr sehen – ohne Meistertitel qualifizierte man sich schließlich bis zum Ende der 90er Jahre nicht für diesen Wettbewerb. Immerhin gab es aber viele Anläufe im UEFA-Pokal und im Europapokal der Pokalsieger – erstmals 1964, als mit vier Spielern der Glasgow-Elf nicht einmal ein 3:0 Hinspiel-Erfolg gegen den schottischen FC Kilmarnock zum Überstehen der ersten Runde reichte. Trotzdem holte man mit dem UEFA-Pokal-Sieg 1980 wenigstens einen internationalen Titel nach Frankfurt. Das wäre allerdings Stoff für ein neues Buch.

Das großartige Finale im Hampden Park ging aber als „The big match“, als Klassiker, der von vielen als „the greatest match ever“ bezeichnet wird, in die Sportgeschichte ein. Ohne die offene Spielweise und den Angriffsfußball beider Mannschaften hätte es weder diesen Status erlangen können, noch würde dieses Spiel gleichzeitig unter Sporthistorikern als die Geburtsstunde des modernen Sportspektakels gelten. Mit dem aktiven Glasgower Publikum, der TV-Übertragung, der Helden- und Legendenbildung und eben dem hochklassigen Spiel stieß man in bisher unbekannte Dimensionen vor. Noch heute fragt die Generation von 1960: „Wo warst Du an dem Abend, als Real 7:3 in Hampden gewann?“

Die Glasgow Rangers wurden von der Eintracht noch einmal im Oktober 1961 besucht. Damals wurde die neue Flutlichtanlage des Hampden Parks eingeweiht. Nach tollem Kampf siegten die Frankfurter mit 3:2. Beeindruckend war hierbei die Zuschauerzahl: 104.000 Zuschauer, ein noch heute gültiger Rekord für Freundschaftsspiele.

Als die Stadt Madrid 1999 das 100. Jubiläum des Fußballs in Madrid feierte (nicht zu verwechseln mit dem Jubiläum 100 Jahre Real Madrid 2002), lud Real die Eintracht zu einem großen Vierer-Jubiläumsturnier ein. Obwohl die Eintracht zu der Zeit international keinerlei Rolle spielte und aufgrund ihrer Führungsetage in den Jahren zuvor erheblich an Ruf eingebußt hatte, nahmen die Frankfurter damals diese große Geste nicht an und kamen aus nicht nachvollziehbaren Gründen der Einladung nicht nach. Das war das vorerst letzte – leider traurige Kapitel – in der offiziellen Beziehung beider Vereine.

Die noch lebenden Spieler der Eintracht aus den Jahren 1959/60 treffen sich noch heute regelmäßig, viermal im Jahr. Für das Finale der Champions League 2002 zwischen Real Madrid und Bayer Leverkusen im Hampden Park wurden die Mitglieder beider ehemaligen Mannschaften von der UEFA nach Glasgow eingeladen. Jedoch wäre dieses Wiedersehen fast ausgefallen, da die Einladung für die Riederwälder zwei Monate lang unbearbeitet in der damaligen Geschäftsstelle der Eintracht Frankfurt Fußball AG im Grüneburgweg liegen geblieben war. Am Ende hatten alle aber doch noch einmal ein schönes Erlebnis mit dem Treffen an der Stätte, an der sie Sportgeschichte geschrieben hatten. Zwischen den Spielern beider Mannschaften entstand in den zwei Tagen zwar keine Freundschaft, aber so etwas wie eine durch gegenseitigen Respekt geprägte Kameradschaft.

Statistik

I. Alle Ergebnisse des Wettbewerbs 1959/60 im Überblick

1. Runde

26.08./23.09.	OGC Nizza (FRA) - Shamrock Rovers Dublin (IRL)	3:2, 1:1
03.09./23.09.	CDNA Sofia (BUL) - FC Barcelona (ESP)	2:2, 2:6
09.09./16.09	Wiener Sportklub (AUS) - Petrol Ploesti (RUM)	0:0, 2:1
09.09./23.09.	Jeunesse Esch (LUX) - LKS Lodz (POL)	5:0, 1:2
09.09./23.09.	FC Linfield Belfast (NIR) - IFK Göteborg (SWE)	2:1, 1:6
11.09./29.09.	Roter Stern Bratislava (CSL) - FC Porto (POR)	2:1, 2:0
13.09./23.09.	Olympiakos Piräus (GRI) - AC Mailand (ITA)	2:2, 1:3
13.09./23.09.	Fenerbahçe Istanbul (TUR) - Csepel Budapest (UNG)	1:1, 3:2
16.09./23.09.	Glasgow Rangers (SCO) - RSC Anderlecht (BEL)	5:2, 2:0
30.09./07.10.	Vorwärts Berlin (DDR) - Wolverhampton Wanderers (ENG)	2:1, 0:2

Freilose:
Odense BK 09 (DAN), Real Madrid (ESP), Sparta Rotterdam (HOL), Young Boys Bern (SUI), Roter Stern Belgrad (YUG); kampflos weiter gegen Kuopio PS (FIN): Eintracht Frankfurt (DEU)

2. Runde / Achtelfinale

21.10./04.11.	Odense BK 09 - Wiener Sportklub	0:3, 2:2
21.10./04.11.	Real Madrid - Jeunesse Esch	7:0, 5:2
25.10./05.11./25.11.*	Sparta Rotterdam - IFK Göteborg	3:1, 1:3, 3:1
04.11./25.11.	Young Boys Bern - Eintracht Frankfurt	1:4, 1:1
04.11./25.11.	AC Mailand - FC Barcelona	0:2, 1:5
11.11./24.11.	Roter Stern Belgrad - Wolverhampton Wanderers	1:1, 0:3
11.11./18.11.	Glasgow Rangers - Roter Stern Bratislava	4:3, 1:1
19.11./03.12./23.12.*	Fenerbahçe Istanbul - OGC Nizza	2:1, 1:2, 1:5

3. Runde / Viertelfinale

04.02./02.03.	OGC Nizza - Real Madrid	3:2, 0:4
10.02./02.03.	FC Barcelona - Wolverhampton Wanderers	4:0, 5:2
03.03./16.03.	Eintracht Frankfurt - Wiener Sportklub	2:1, 1:1
09.03./16.03./30.03.*	Sparta Rotterdam - Glasgow Rangers	2:3, 1:0, 2:3

4. Runde / Halbfinale

13.04./05.05.	Eintracht Frankfurt - Glasgow Rangers	6:1, 6:3
21.04./27.04.	Real Madrid - FC Barcelona	3:1, 3:1

5. Runde / Finale

18.05.	Real Madrid - Eintracht Frankfurt	7:3

* 3. Spiel in Bremen (25.11.), Genf (23.12.) bzw. London (30.03.)

II. Spiel- und Torstatistik Europapokal 1959/60 (Spiele/Tore)

Eintracht Frankfurt

21 Spieler im Kader
14 Spieler eingesetzt
7 Spieler schießen in 7 Spielen 22 Tore

Bäumler	2/2
Bechtold	1/0
Eigenbrodt	4/0
Herbert	0/0
Höfer	7/0
Kirchhof	0/0
Kreß	6/2
Kübert	0/0
Kudras	0/0
Lindner	7/4
Loy	7/0
Lutz	6/0
Meier	6/4
Pfaff	7/4
Schneider	0/0
Schymik	4/0
Solz	0/0
Sorger	0/0
Stein	6/5
Stinka	7/1
Weilbächer	7/1

Real Madrid
30 Spieler im Kader
23 Spieler eingesetzt
8 Spieler schießen in 7 Spielen 31 Tore

Alonso	2/0
Bueno	0/0
Canario	3/0
Casado	0/0
Del Sol	3/0
Di Stefano	6/8
Didi	0/0
Dominguez	7/0
Garcia	2/0
Gento	6/2
Herrera	5/3
Lesmes	1/0
Marquitos	3/0
Marsal	0/0
Mateos	3/3
Miché	1/0
Pachin	3/0
Pantaleon	1/0
Pepillo	1/1
Porquitos	1/0
Puskas	7/12
Rial	1/1
Ruiz	4/0
Santamaria	6/0
Santisteban	2/0
Vidal	6/1
Zarraga	3/0

(weitere Spieler ohne internationalen Einsatz)

Historie

Literatur:

Bauer, Thomas: Frankfurt am Ball, Frankfurt am Main 1999

Becker, Dr. Friedebert (Hrsg.): Europapokal 1961, München 1961

Becker, Richard: Wie die Glasgow Rangers im Waldstadion untergingen, in: Rhein, Peter / Weber, Fritz / Weber, Michael (Hrsg.): Ereignisse – Sport in der Region, Frankfurt am Main 1993

Berger, Peter: König Fußball, 7. Auflage, Wuppertal 1968

Böttcher, Joachim / Dittberner, Erwin / Eil, Heinz: Die Sportwelt hält den Atem an, Frankfurt am Main 1968

Crawford, Scott A. G. M.: A speculative paradigm on the birth of the modern sport spectacular: The Real Madrid and Eintracht Frankfurt European Cup Final of 1960, in: The International Journal of the History of Sport, Vol. 9, No. 3 (Dec 1992), S. 433-438.

Giring, Bernd / Heinisch, Jörg / Thoma, Matthias / Wetzel, Steffie: Mainderby in Berlin, Kassel 1999

Heinisch, Jörg: Fan geht vor, Sonderausgabe Deutsche Meisterschaft 1959 und Europapokal der Landesmeister 1960, 2. Auflage, 1998 (8. Jg.)

Hess, Gerhard: Real Madrid – Club der Millionen, München 1962

Huba, Karl-Heinz: Fußball Weltgeschichte, München 2002

Körfer, Hans / Dittberner, Erwin / Schön, Helmut: Schuß – Tor, Wilhelm-Limpert-Verlag, 1960

Kropp, Matthias: Deutschlands große Fußballmannschaften, Teil 7: Eintracht Frankfurt, Kassel 1995

Leger, Klaus: So wie einst Real Madrid ... – Der Fußball-Europapokal 1955-1964, Kassel 2003

Matheja, Ulrich: Eintracht Frankfurt – Schlappekicker und Himmelsstürmer, 2. Auflage, Göttingen 2003

Meisel, Heribert: Fußball 1962, München 1962

Neumann, Herbert: Eintracht Frankfurt – Die Geschichte eines berühmten Sportvereins, 2. Auflage, Düsseldorf, 1977

Schlegel, Klaus u.a.: Europacup, Berlin 1964

Spiel-Programme:

Von allen Europapokalspielen der Eintracht 1959/60 sowie

Stadtauswahl London – Stadtauswahl Frankfurt (FSV Frankfurt / Eintracht Frankfurt / Kickers Offenbach) vom 26.10.55

Real Madrid – Auswahl Eintracht Frankfurt / Kickers Offenbach vom 22.09.71

Fachzeitschriften:

Kicker, Sportmagazin, Kicker Almanach, Der neue Sport, Sport-Illustrierte, Sport Express (Österreich), Balon (Spanien)

Vereinspublikationen/Fanzeitung:
Eintracht-Hefte, Fan geht vor

Tageszeitungen:
Frankfurter Allgemeine Zeitung, Frankfurter Rundschau, Frankfurter Neue Presse, Abendpost, Frankfurter Nachtausgabe, Süddeutsche Zeitung, (Wiener) Kurier, The Scotsman, Daily Record, The Sunday Times, The Guardian

Sonstiges:
Munzinger-Archiv/Internationales Sport-Archiv
Vereinsarchiv Eintracht Frankfurt
Vereinsarchiv Wiener SC/SK
Archiv Dr. Othmar Hermann

Historie der Frankfurter Eintracht

Die Historie von Eintracht Frankfurt kann nicht nur in inzwischen veröffentlichten Büchern nachgeschlagen werden. Seit 1991 berichtet das Eintracht-Fanmagazin „Fan geht vor" kontinuierlich – zehnmal im Jahr – rund um den hessischen Traditionsverein. Dabei werden nicht nur Fanthemen behandelt, sondern auch aufklärende Berichte zur jeweiligen aktuellen Situation. Möglich ist dies, weil das Magazin – gleichzeitig offizielles Organ der offiziellen Fanclubs der Eintracht – unabhängig von Verein bzw. AG ist. Alle Mitarbeiter arbeiten ehrenamtlich – der Verkaufspreis dient alleine der Kostendeckung.

An Interessierte der Eintracht-Geschichte richten sich verschiedene Serien und einzelne Beiträge zu einzelnen Abschnitten oder bestimmten Ereignissen der Vergangenheit. So gab es fünf Jahre lang die Serie „Good times, bad times" (von Roland Gerlach), die jeweils die sportliche Entwicklung der 5 / 10 / 15 / 20 / 25 / 30 / 35 Jahre zuvor aufzeigte (bis 40 Jahre abgedeckt waren). Weitere Serien waren die „Reise in die Vergangenheit" zu bestimmten Ereignissen (vom Autoren dieses Buchs), Sonderthemen im Jahr des 100. Geburtstags der Eintracht (von Matthias Thoma bzw. dem Autoren dieses Buchs), „Die großen Spiele" (von Roland Gerlach) und die Serie „Jäger der verlorenen Schätze" (von Dr. Othmar Hermann), in der auf verschiedene Sammelgebiete um den Verein eingegangen wird. Zwei neue Serien beschäftigen sich mit „Eintracht auf großer Fahrt" (große Reisen) und Diskussionen mit Beteiligten zu Höhepunkten der Frankfurter Fußballgeschichte. Hin und wieder gibt es weiterhin Sonderthemen, beispielsweise im August 2004 (Nr. 126) ein Überblick über 105 Jahre Trikotgeschichte in Farbe. Letztlich gingen bisher drei Bücher zu bestimmten geschichtlichen Ereignissen der Eintracht aus den Reihen von „Fan geht vor"-Mitarbeitern hervor.

Kontakt: Redaktion „Fan geht vor", Hanauer Landstr. 18 H, 60314 Frankfurt (gültige Adresse bis mindestens Ende 2005) bzw. www.fan-geht-vor.de

100 Jahre-Specials (Serie)

Nr. 72	Steinzeit des Frankfurter Fußballs 1899-1911
Nr. 72	Fusion von Kickers und Viktoria 1911
Nr. 72	Wappenkunde: Die Wappen der Eintracht
Nr. 72	Mannschaftsfotos 1929-1971
Nr. 73	Die Stadien der Eintracht 1899-1999
Nr. 73	Endspiel um die Deutsche Meisterschaft 1932: Bayern München - Eintracht
Nr. 75	Jubiläen der Vergangenheit 1916-1989
Nr. 75	Traditionstrikots 1958-1960

Die großen Spiele (Serie)

Nr. 97	DM-Endspiel 1932: Bayern München - Eintracht
Nr. 99	Pokalendspiel 1964: 1860 München - Eintracht
Nr. 100	Mainderby 1971: Kickers Offenbach - Eintracht
Nr. 102	Aufholjagd gegen VfB Stuttgart 1973
Nr. 103	DFB-Pokalsieg 1974: Eintracht - HSV
Nr. 104	DFB-Pokalsieg 1975: Eintracht - MSV
Nr. 105	Beim Weltpokalsieger Athletico Madrid 1975
Nr. 107	Kantersieg gegen Bayern München 1975
Nr. 108	Auf dem Weg zum UEFA-Cup-Sieg 1980 (I)
Nr. 109	Auf dem Weg zum UEFA-Cup-Sieg 1980 (II)
Nr. 110	UEFA-Cup-Sieg 1980 (III)
Nr. 112	DFB-Pokalsieg 1981: Eintracht - 1. FC K'lautern
Nr. 113	Relegation 1984 gegen MSV Duisburg
Nr. 114	DFB-Pokalsieg 1988: Eintracht - VfL Bochum
Nr. 115	DFB-Supercup 1988: Eintracht - Werder Bremen
Nr. 117	Relegation 1989 gegen 1. FC Saarbrücken
Nr. 118	Bestes Spiel aller Zeiten: 1989 5:3 beim 1.FC Köln
Nr. 120	Fußball 2000: 1991 6:3 beim MSV Duisburg
Nr. 121	Höchster Sieg auf internationaler Ebene: 1992 9:0 gegen Widzew Lodz
Nr. 122	Höchster internationaler Auswärtserfolg: 1993 6:0 in Moskau
Nr. 123	4:1 gegen Bayern München 1995
Nr. 124	Abstiegsendspiel 1999: 5:1 gegen 1. FC K'lautern
Nr. 125	1:0 in Nürnberg 1998

Die Highlights aus dem Fußball-Globus (Abschrift-Serie 2004)

Nr. 124	Abstiegsendspiel 1999 mit Jörg Berger und Jan-Aage Fjörtoft
Nr. 125	Europapokalendspiel 1980 mit Friedel Rausch und Bernd Hölzenbein
Nr. 126	Europapokalendspiel 1960 mit Dieter Lindner, Friedel Lutz und Adolf Bechtold
Nr. __	Fußballweltmeisterschaft 1974 mit Jürgen Grabowski

Eintracht auf großer Fahrt (Serie; beginnend 2004)

Nr. 123	Spanienreise 1950
Nr. 123	USA 1951
Nr. 124	Ägypten 1952
Nr. 125	Sowjetunion und Finnland 1959
Nr. __	Weltreise 1962

Buchempfehlungen

Mainderby in Berlin – Deutsche Meisterschaft 1959 (3. Auflage noch erhältlich, ISBN 3-89784-122-3) / Bernd Giring, Jörg Heinisch, Matthias Thoma und Steffie Wetzel

Das Rostock-Trauma – Geschichte einer Fußballkatastrophe (2. Auflage noch erhältlich, ISBN 3-89152-496-x) / Michael Gabriel und Matthias Thoma

Schlappekicker und Himmelsstürmer – Die Geschichte von Eintracht Frankfurt (2. Auflage noch erhältlich, ISBN 3-89533-427-8) / Ulrich Matheja

Deutschlands große Fußballmannschaften, Teil 7: Eintracht Frankfurt (ISBN 3-928562-53-3) / Matthias Kropp (für Aufstellungen pro Spieltag)